ROMPE EL HIELO

CÓMO HACER QUE TUS PROSPECTOS RUEGUEN POR UNA PRESENTACIÓN

TOM "BIG AL" SCHREITER

Para más información, contacte:

Fortune Network Publishing

PO Box 890084

Houston, TX 77289 Estados Unidos

Teléfono: +1 (281) 280-9800

ISBN: 1-892366-43-6

ISBN-13: 978-1-892366-43-6

DEDICACIÓN

Este libro está dedicado a los empresarios de redes de mercadeo de todo el mundo.

Viajo por el mundo más de 240 días al año impartiendo talleres sobre cómo prospectar, partocinar y cerrar.

Envíame un correo si quisieras que hiciera un taller "en vivo" en tu área.

http://www.BigAlSeminars.com

TABLA DE CONTENIDOS

PREFACIO

El éxito deja pistas.

Sí, es verdad, pero el fracaso también deja pistas. Era 1972, inicios de mi carrera en redes de mercadeo. Trataba de conseguir citas pero los prospectos me decían: –No.– Trataba de iniciar conversaciones con prospectos potenciales y ellos rápidamente cambiaban el tema y buscaban excusas para evadirme. Puse anuncios para prospectos calificados, y me contestaban que no estaban interesados en lo que yo les ofrecía.

¿Cuál es la pista que resultó obvia de todos estos fracasos?

Todas mis conversaciones iniciaban con las mismas frases básicas sobre mi maravillosa oportunidad. Las frases que elegía obligaban a mis prospectos a decirme: –No.– El repetir estas mismas frases erróneas, de novato, una y otra vez con nuevos prospectos no resolvía el problema. El problema era que estaba usando las palabras equivocadas.

Si no cambiaba las primeras palabras (para Romper el Hielo), entonces nada iba a cambiar en mi carrera. Así que aquí está un libro con frases para Romper el Hielo a prueba de fallos, para que el fracaso no te deje con las mismas pistas.

— Tom "Big Al" Schreiter

¡Ugh! ¡Auch! ¡Duele!

–¿Tienes un Plan B de ingresos residuales?

–Estoy en un negocio fabuloso, con productos fabulosos, con líderes fabulosos, con un plan de compensación fabuloso, con entrenamientos fabulosos...

–¿Has considerado tus opciones de oportunidades de ingreso?

–Tienes cara de perdedor deprimido, ¿quieres una oportunidad para ser un ganador?

–La economía está en el retrete. ¿Quieres sentarte encima?

–¿Quieres ser un empleaducho toda tu vida?

–¿Quieres múltiples fuentes de ingreso?

Sí, éstas son formas de Romper el Hielo para iniciar una conversación, pero son muy, muy **malas**. Incluso si estos ejemplos no nos provocan rechazo instantáneo, está claro que no hemos arrancado por el lado bueno con nuestro prospecto.

Todos hablamos con personas. El problema es que decimos las **palabras equivocadas**.

No nos asusta hablar con gente. Es normal decir: –Hola, ¿cómo estás, qué tal el clima?

Pero hay mucha diferencia entre decir:

–Hola, ¿cómo estás, qué tal el clima?

y...

–¿Quieres ser distribuidor?

Y esa gran diferencia **asusta**. Es difícil hacer la transición de una charla social y amistosa a introducir tu negocio a la conversación sin sentirte como un vendedor enfadoso. Necesitamos "Romper el Hielo" e introducir nuestro negocio en la conversación de un modo socialmente aceptable.

Si no sabemos cómo hacer esto con gracia, simplemente nuestro negocio será todo un secreto. Entonces nadie se entera de nuestro negocio y por lo tanto nadie se une.

Ahora, no queremos arruinar nuestras relaciones con las personas. No queremos sacar ventaja de nuestros familiares, pero si no podemos hacer esto correctamente, si no sabemos qué decir, entonces no tendremos con quién hablar.

Aquí hay un buen secreto.

La única diferencia entre las personas que tienen prospectos **ilimitados** en las redes de mercadeo y las que no... se encuentra en lo que dicen. Saber decir las palabras exactas, es la habilidad que todos necesitan para introducir tú negocio en la conversación.

Mira, tenemos una buena actitud, ya hemos asistido a una junta de oportunidad, ya tenemos creencia en nuestra compañía, tenemos metas, sabemos lo que queremos, estamos motivados, somos positivos. Tenemos todas estas características.

Lo único que no tenemos, es la habilidad de exactamente **qué decir** y exactamente **qué hacer**. La buena noticia es que podemos aprender.

Muchos distribuidores tienen el mismo plan de compensación. El mismo territorio, los mismos productos, los mismos precios. Todas las circunstancias son las mismas en sus carreras excepto una cosa:

Lo que dicen y lo que hacen.

Lo que dicen y lo que hacen, y no sus circunstancias, es lo que va a determinar el tamaño de su cheque.

Así que ya es tiempo de aprender cosas mejores.

Iniciemos.

¿Por Qué Yo Sufro Mientras Tú Vives Felizmente Rico?

Digamos que tú y yo somos distribuidores. Después de la presentación semanal, yo voy a un restaurante por una ligera cena. Me siento a la mesa, la camarera viene y me dice:

—¿Qué le gustaría ordenar?

Yo le contesto: —Oh, me gustaría una hamburguesa, papas fritas, con guarnición de ensalada, una ensalada César, algo de macarrones con queso, pan de ajo, un panquecillo de arándano, un pay de manzana, un helado, pastel de chocolate y una soda de dieta.

La camarera me trae la comida, yo como. Me levanto para ir a mi auto y me digo a mi mismo:

—¡Qué negocio tan miserable! Nadie aquí está interesado en una oportunidad. Nadie aquí quiere ganar dinero de medio tiempo. Nadie quiere invertir dinero para iniciar un negocio. Nadie quiere saber de ventas. Sólo quieren ver televisión cuando van a casa. Pero qué negocio tan miserable.

Ahora, tu asistes a la misma junta semanal, después de la junta vas al mismo restaurante por una cena, te sientas a la mesa detrás mío, la misma camarera se te acerca y te dice:

–¿Qué le gustaría ordenar?

Tú respondes: –¿Estás casada con tu empleo o tienes una mente abierta?

La mesera rápidamente dice: –Hey, claro que tengo mente abierta. No quiero ser una mesera de fonda toda mi vida. ¿De qué se trata?

Tú le contestas: –Bien, no te puedo contar ahora mismo, estás trabajando.

La mesera interrumpe:

–Bien, ¿tienes agún folleto? ¿Hay algúna pagina web? ¿Cuál es tu teléfono? ¿Tienes una tarjeta? ¿Tienes algún CD o DVD? ¿De qué se trata? Tengo un "coffee break" dentro de 30 minutos, puedo verte afuera. ¿Cuándo podemos hablar?

Tú terminas tu cena y vas a tu auto y piensas:

–¡Vaya negocio! No puedo cenar tranquilamente sin que las personas me persigan y me hagan preguntas sobre mi oportunidad, me piden presentaciones. ¡Tengo que esquivar a los prospectos sólo para terminar mis alimentos!

Vaya, ¿cuál fue la diferencia?

Ambos fuimos al mismo lugar a comer. Ambos fuimos atendidos por la misma persona. La única diferencia es que tú **elegiste palabras diferentes**.

Porque tú elegiste otras "palabras entrenadas", tienes prospectos ilimitados suplicando por presentaciones y vives la vida que siempre soñaste. Porque yo elegí "palabras no entrenadas", me la paso quejándome porque nadie quiere hacer mi negocio y pasaré el resto de mi carrera viviendo en la frustación.

La única diferencia en este escenario es que tú **elegiste palabras diferentes**. Todo lo demás fue igual.

Estas pocas palabras (¿Estás casada con tu empleo o tienes una mente abierta?) separan mi vida de frustación y cero ingresos, de tí, disfrutando de prospectos calificados, sin límites y la vida de tus sueños.

Sólo unas pocas palabras entrenadas.

Los Prospectos Están En Todas Partes, Si Sabes Qué Decir.

Más tarde ese día, necesitaba una batería para mi cámara. Me detuve en la tienda de electrónica para comprar una batería AAA. Camino hacia el cajero y le digo:

–Quisiera comprar esta batería AAA.

El cajero me responde: –Serían $10.00, ¿quiere una garantía por su compra?

Valientemente le digo: –No, no, no, me arriesgaré con esos $10.00.

Salgo caminando hacia el estacionamiento mientras me quejo:

–¡Qué negocio tan miserable! Nadie quiere oportunidades en esta ciudad. Nadie quiere más ingresos en su vida. Todos están felices en su trabajo. Nadie quiere saber de ventas. Todos creen que son pirámides. Qué negocio tan miserable.

Tú estás formado detrás de mí en la línea para pagar en la tienda de electrónica. Después de que pagué mi batería y salí de la tienda, tú llegas con el cajero y dices:

–Quisiera comprar esta batería AAA.

El cajero te responde: –Serían $10.00, ¿quiere una garantía por su compra?

Y tú dices: –No, me arriesgo. Pero tengo curiosidad, ¿has encontrado alguna forma de ser tu propio jefe para que no tengas que trabajar 40 horas por semana?

El cajero piensa un momento y dice: –¿Qué?

Tú repites: –¿Has encontrado alguna oportunidad de ser tu propio jefe, para que no tengas que trabajar 40 horas por semana por el resto de tu vida?

El cajero sonríe: –No, claro que no, por eso estoy aquí trabajando con salario mínimo.

Y tú le dices:

–Bien, veo que estás ocupado y no tienes mucho tiempo para buscar algo, pero cuando decidas comenzar la búsqueda, aquí tienes mi tarjeta. Sólo márcame.

Mientras sales de la tienda el cajero dice: –Hey, no necesito marcarte, ¡ya estoy buscando algo! ¿De qué se trata?

Tú le contestas: –Bueno, estás trabajando, no te puedo platicar ahora mismo.

El cajero entra en pánico:

–Oh no, bien, aquí está mi teléfono. Estaré en casa mañana a las 5:00 pm, márcame a esa hora. Si no estoy en casa, márcame al móvil. Si no contesto, deja mensaje, o recado de voz. Te regreso la llamada de inmediato. ¿Tienes algún folleto, algún sitio web? Por favor dime un poco más.

Mientras caminas hacia el estacionamiento piensas:

–Vaya negocio. No puedo comprar una simple batería sin que la gente me acose. Personas suplicando por una oportunidad. Pidiéndome presentaciones.

¿Cual fue la diferencia?

Tú vas de compras y los prospectos suplican por una presentación. Yo voy de compras en los mismos lugares que tú, veo las mismas personas que tú, pero no tengo prospectos.

¿La diferencia?

Tú y yo elegimos **palabras diferentes** cuando entramos en contacto con las mismas personas.

Si podemos Romper el Hielo correctamente, tendremos muchos prospectos y un negocio en crecimiento. Si usamos "palabras no entrenadas" cuando conocemos personas, tendremos un negocio miserable.

A Donde Viajo En El Mundo, Ocurre Este Problema.

Un nuevo distribuidor se acerca conmigo y me dice:

–Sólo necesito mejorar mis cierres.

Yo le respondo: –Genial, genial. Bien, pues aprende a cerrar mejor. Pero, tengo curiosidad, ¿cuántas presentaciones estás dando por semana?

El nuevo distribuidor dice: –Oh, casi ninguna.

Yo le digo: –Posiblemente cerrar no sea tu problema. Hablemos de las presentaciones. ¿Cuántas citas para presentaciones estás haciendo por semana?

El nuevo distribuidor dice: –Oh, casi ninguna.

Yo continúo: –Posiblemente dar presentaciones no sea tu problema. ¿A cuántos prospectos invitas o cuántas personas te piden una cita para una presentación por semana?

El nuevo distribuidor dice: –Oh, casi ninguna.

Ése es el problema.

La mayoría de los nuevos distribuidores pasan toda la semana **buscando** a alguien para darle una presentación.

Así que en lugar de gastar una semana entera buscando a alguien para darle una presentación, ¿no tendría más sentido aprender la habilidad de Romper el Hielo para que pases la semana entera **dando** presentaciones?

¿Cambiaría eso tu carrera?

Bien, para empezar no estarías estresado como siempre, buscando prospectos.

En segundo lugar, si tuvieses muchas presentaciones durante la semana, tu postura con los prospectos sería poderosa. No te preocuparía si una persona se une o no, ya que tienes una semana llena de presentaciones. Los prospectos pueden oler tu desesperación cuando no tienes más prospectos.

Tercero, con buenas habilidades para Romper el Hielo, podrías apoyar a tus nuevos distribuidores a tener un arranque genial.

No Caigas En Estos Mitos.

Necesitamos pensar claramente, porque esto es un negocio. No podemos llevar un negocio a base de mitos y cuentos.

Mito: ¡Pero tengo que encontrar gente especial!

No. No tienes que encontrar gente especial. Casi todos a los que le hablas están **pre-calificados**. ¿Qué tan fabuloso es eso?

Piénsalo, cuando hablas con un prospecto ¿quiere más dinero en su vida... o menos dinero?

¡Más!

Ya está pre-calificado para buscar una oportunidad, pero puede no estar pre-calificado para las palabras que usamos para Romper el Hielo en nuestra conversación.

Puede que hayas escuchado más mitos como éste. ¡No caigas en ellos!

Mito: No puedes decir algo incorrecto con la persona correcta.

¡Pero claro que puedes decir algo incorrecto! Es por eso que las personas nos dicen: –¡No!– en lugar de pedirnos una presentación. Empezando mi carrera le dije lo incorrecto a muchos buenos prospectos.

**Mito: No puedes decir algo correcto
con la persona incorrecta.**

¿Es en serio? ¿En ese caso cómo es que esa persona eventualmente cambia? Esa persona no está condenada de por vida. Alguien finalmente dirá algo que le va a cambiar la vida a esa persona.

Mito: Ve y consigue 100 personas que te digan "No."

Duele. Veamos, si 3 respuestas "No" duelen, ¿por qué querrías otros 97 "No" que duelen? ¿No tendría más sentido aprender "palabras entrenadas" para que los prospectos te digan "Sí"?

Mito: Cada "No" te acerca más a un "Sí."

No, cada "No" que recibes, sólo te acerca a otro "No", porque estás usando las palabras equivocadas. Si las palabras que estás usando crean respuestas negativas, el hecho de que las digas con más frecuencia no significa que vaya a cambiar el resultado. Cambia las palabras si quieres cambiar el resultado.

Las palabras equivocadas "no entrenadas" hacen molestar a la gente. Cuando comenzaba, hablé con todos mis parientes. Y terminé vetado de bodas y funerales. Hablé con mis compañeros de trabajo y ellos se saltaban los "coffee breaks" para evitarme, hablé con mis amigos y cuando me veían venir, cruzaban la calle y caminaban por la otra acera.

¿Puedes ver la tendencia?

Fue sólo hasta que cambié lo que decía, muchas de éstas mismas personas se unieron y se convirtieron en buenos líderes. Exactamente las mismas personas.

Realmente no es encontrar a la persona correcta, sino decir las "palabras entrenadas" correctamente. Arrancamos en las redes de mercadeo, encontramos a las personas correctas pero las arruinamos, usando las palabras equivocadas.

Esta historia la cuento con mis nuevos distribuidores para ayudarles a recordar que no se trata de encontrar al prospecto correcto, sino decir las palabras correctas.

Conseguir una cita.

Imagina que soy soltero y voy a una fiesta para conocer algunas damas con la esperanza de obtener alguna cita. A las que conozco les digo:

–¿Cuántos años tienes?

–¿Cuánto pesas?

–¿De qué color pintas tu cabello?

–¿Cuánto maquillaje necesitas por la mañana?

–¿En serio no estás embarazada?

Dejame preguntarte, ¿cuántas citas voy a conseguir? Ninguna. Cero. Me voy de la fiesta y digo: –En esta fiesta no hay buenos prospectos. Algunas de las chicas ni les gustan los hombres. Por favor alguien que me ayude a encontrar una nueva fiesta ¡donde pueda conocer **buenos prospectos!**

Bien, ¿qué es lo que va a pasar en la próxima fiesta? El mismo resultado que en la anterior, porque voy a decir las mismas "palabras no entrenadas".

Pero, ¿será posible que alguien más vaya a esa misma fiesta y que consiga una cita? Seguro. Esa persona simplemente diría otras palabras.

¿Sigues dudando de que las palabras marcan la diferencia?

Siempre hay por lo menos dos maneras para describirlo todo. El juego de palabras que utilices afectará en gran medida tus resultados. Aquí hay un ejemplo de un jóven hablando con su cita:

Elección de Palabras #1. –Cuando miro en tus ojos, el tiempo se congela.

Elección de Palabras #2. –¡Con esa cara, detendrías un reloj!

¡Ambos juegos de palabras describen brevemente el mismo evento, sólo que los resultados serían muy diferentes!

Las primeras palabras con las que introducimos nuestro producto u oportunidad dentro de la conversación son para Romper el Hielo. Las palabras que elegimos para Romper el Hielo pueden significar la diferencia entre un negocio fabuloso en redes de mercadeo, o el fracaso.

Esas Primeras Palabras Nerviosas Con Tu Hermana.

Echemos un vistazo a cuando iniciamos nuestra carrera en redes de mercadeo. El domingo voy a casa de mi hermana a cenar. Como nuevo distribuidor, ya estoy ansioso de hablar con ella sobre mi maravilloso negocio.

Así que estoy comiendo... chomp, chomp, chomp, chomp, chomp. Ya platicamos de los niños. Chomp, chomp, chomp, chomp. Ya platicamos del clima. Chomp, chomp, chomp, chomp. Ya platicamos de política. Chomp, chomp, chomp, chomp. Ya platicamos de su trabajo. Chomp, chomp, chomp, chomp. Ya le he hecho 20 preguntas sobre su vida. Chomp, chomp, chomp, chomp.

Y en ningún momento mi hermana me ha dicho:

–Oye, hermano, ¿te has enrolado en algún nuevo negocio últimamente que me quieras platicar?

Así que depende de mí Romper el Hielo e introducir mi negocio dentro de esta conversación familiar.

Ahora, así está la situación. Todos pueden hablar con otras personas. Cualquiera puede decir: –Hola, ¿cómo estás, qué tal el clima?– Eso es fácil.

Pero hay un gran abismo entre: –Hola, ¿cómo estás, qué tal el clima?– y: –¿Quieres ser distribuidor?

Es ese abismo el que nos asusta. No queremos vernos como un vendedor manipulador o como si estuviésemos tratando de sacar ventaja de la gente. Y por ese miedo, a veces no decimos nada. Eso asesina nuestra carrera.

Así que mi carrera está en juego, sé que debo decir algo.

1. Si digo algo bueno, mi hermana me va a pedir una presentación. Eso estaría bien.

2. Pero si digo algo malo, ¿qué es lo que me va a decir?

–Siéntate del otro lado de la mesa.

–Habla con mi mano.

–No regreses otra vez a esta casa.

Y como se puede poner feo, me siento muy, muy nervioso.

Mientras, sigo comiendo, chomp, chomp, chomp, chomp. Hablo más de política, los niños, las vacaciones, los parientes, ¡un poco más sobre el clima! Si no "rompo el hielo" con mi negocio, pronto vamos a terminar el postre y será mi hora de regresar a casa.

Este momento... es mi carrera.

De verdad.

Si me sale bien esto, voy a tener muchas personas para hablar. Me van a pedir presentaciones. Si me sale mal, voy a morir de hambre.

Así que pienso: –Es ahora o nunca. Sé valiente. Vé por ella. Visualiza tus metas. La mensualidad del auto ya venció.

Respiro profundo y digo: –Oye hermana. ¿Quieres ser distribuidora?

Sólo bromeo. Nunca diré algo así de estúpido más de dos veces. En lugar de eso, digo:

–Oye hermana. Estoy en la búsqueda global de talentos empresariales, que quieran libertad de tiempo y libertad financiera, donde puedan reducir sus esfuerzos a través de múltiples fuentes de ingreso residual, de esa manera apalancándose y creciendo sus activos con el tiempo...

Estoy muerto.

La alarma de vendedor de mi hermana está sonando en su cabeza. Y ella sabe que normalmente no hablo de esa manera. Probablemente un alienígena tomó el control de mi cuerpo. Además, estoy usando muchas palabras de la industria, como distribuidor, línea superior (upline), línea inferior (downline), líneas cruzadas (crossline), PV, QV, etc.

Se va a poner feo aquí.

¡Pero no soy de los que renuncian! Lo intento de nuevo diciendo:

–Oye hermana, déjame contarte sobre la inseguridad financiera y corporativa del mundo actual. Las instituciones financieras están en problemas. La Organización Mundial de Comercio nos mantiene en la pobreza. Los planes de pensión ya no están garantizados. Las personas están perdiendo sus empleos. Ambos esposos tienen que trabajar. Es la desintegración del núcleo familiar. Sesenta y cinco porciento de la población está muerta, o debería estar muerta...

Me pregunto si hay algún termino peor que "muertísimo"... esto, se está yendo por mal camino.

Ahora estoy desesperado. Es tiempo para ser directo. Sólo le voy a decir a mi hermana sobre mi genial compañía y mis productos geniales. Nada más ha funcionado. Así que le digo:

–Oye hermana, soy distribuidor de la Compañía Fabulosa, de la fabulosa ciudad de Fabulosa, Texas, que la fundó el Sr. Fabuloso en persona. Es un fabuloso hombre de familia. De hecho tiene varias familias fabulosas para demostrarlo. La compañía tiene unas fabulosas máquinas de fax, fabulosas computadoras, fabulosas impresoras y todo es fabuloso, fabuloso, ¡fabuloso!

¿Qué es lo que mi hermana está pensando? –Fabuloso. Mi hermano entró a una secta. Y si me uno voy a sonar igual de ridículo que él en este momento.

Ahora, no hay nada de malo con la Compañía Fabulosa y sus productos. Sólamente estoy introduciendo la compañía en el momento equivocado. Primero necesito "Romper el Hielo".

Mi carrera está en juego en este momento ¡y lo he arruinado!

Es tiempo de ponerse serio y aprender a Romper el Hielo como un profesional.

Las reglas.

Tengo algunas reglas sobre cómo Romper el Hielo para dar presentaciones.

Regla #1: Sólo le doy presentaciones a las personas que **primero me piden** una presentación.

La razón por la que hago esto, es porque soy un miedoso de tiempo completo. Odio el rechazo. No quiero forzar mi negocio con nadie.

Y ya sé lo que tú estás pensando:

–Si sólo le diera presentaciones a personas que primero me piden por una presentación, entonces ¡me muero de hambre!

Relájate. Todo lo que vamos a hacer es aprender la habilidad de cómo hacer que los prospectos nos rueguen. Para la mayoría de los distribuidores, si un prospecto nos **pide** una presentación, las cosas se ponen mucho más fáciles.

A propósito, ¿cómo cambiaría tu vida si durante toda la semana, las personas te pidieran presentaciones? La vida sería muy buena ¿no es así? Así que sólo ésta pequeña habilidad, Romper el Hielo, puede hacer que tu carrera se mueva rápido.

Porque si siempre tienes personas pidiendo presentaciones, vas a construir algún tipo de negocio, ¿o no? Aún si no puedes dar una presentación decente, ¡algunos prospectos se van a unir sólo porque les simpatizas!

Regla #2: Romper el Hielo debe de ser 100 porciento libre de rechazo. Si hay alguna oportunidad de rechazo, los distribuidores van a estar asustados de utilizar dichas frases.

Regla #3: Al Romper el Hielo nunca debes de presionar o avergonzar a tu hermana o nadie más. Si presionas o avergüenzas a tu hermana, nunca te volverá a invitar a cenar, y eso es muy malo. Además, es de buena educación ser cortés.

Regla #4: Al Romper el Hielo, debes de tener una alta probabilidad de éxito. Porque, si no funciona, nadie va a continuar haciéndolo. Tendremos que vivir con alguien más por el resto de nuestra vida.

Fórmula #1.

Puedes crear muchas formas de Romper el Hielo con fórmulas. Usemos una de esas fórmulas ahora mismo.

Regresemos a la casa de mi hermana.

Chomp, chomp, chomp, chomp, chomp. Ya hablé del clima. Ya hablé de todo lo demás, así que volteo con mi hermana y le digo:

–Oye hermana, acabo de encontrar cómo podemos generar un cheque extra cada mes. Si te gustaría saber cómo, me encantaría decirte. Mientras tanto, por favor pásame el guisado.

Ahora, si mi hermana estuviera interesada, ¿qué es lo que me diría?

–Dime más.

¡Me está pidiendo una presentación, sin rechazo!

Yo le diría: –Seguro, te platicaré después de la cena.

Mi hermana responde: –¡No, no, no! Dime más ahora mismo. Necesito ese cheque extra.

Yo le contesto: –Te platicaré después del postre, cuando hayamos limpiado la mesa.

Mi hermana dice: −¡No, dímelo ya!

¿Eso es un buen problema? ¡Sí! Mi hermana me está rogando por una presentación, libre de rechazo.

Ahora, si mi hermana no estuviera interesada, ¿qué es lo que haría? Simplemente me pasaría el guisado, ¡y sigo ganando por que ahora tengo comida! Pero más importante, no hubo ningún rechazo.

¿Acaso presioné o avergoncé a mi hermana de algún modo? No. ¿Este acercamiento tiene una buena probabilidad de éxito? Sí.

¿Y, cómo es que funcionó?

Primero, la frase "Acabo de encontrar..." congela la mente del prospecto, provoca que la mente consciente se detenga, hace que la mente olvide todo lo que estaba pensando, y consigue que el receptor tenga un enfoque total en lo que le voy a decir a continuación.

¿Está bueno, eh?

La mente subconsciente tiene programas que corren nuestra vida. Uno de ellos es el de "supervivencia." Así que cuando escuchamos las palabras, "Acabo de encontrar," este programa de supervivencia nos dice: −Detente. Esto puede ser importante para nuestra supervivencia. Shhhhh. Guarda silencio. Escucha.

Otro programa es el de "curiosidad." Este programa dice: −¿**Qué es** lo que acabas de encontrar? Necesito saber qué es lo que acabas de encontrar. No puedo continuar mi vida hasta que me entere de lo que tú acabas de encontrar. Shhhhh. Guarda silencio. Escucha.

El prospecto no tiene elección. Tiene que escucharnos. Piensa de esta manera. Si nadie nos está escuchando, las probabilidades son muy bajas. Necesitamos congelar el cerebro y conseguir la atención del prospecto.

Justo después de "Acabo de encontrar..." podemos insertar un beneficio. Ahora el prospecto está escuchando detenidamente el beneficio, y usualmente quiere saber más acerca del mismo, así que el prospecto naturalmente quiere hacer más preguntas. Qué manera tan genial de hacer que los prospectos te pidan presentaciones.

¿Qué hay acerca del recordatorio que utilicé al Romper el Hielo?

–Si te gustaría saber cómo, me encantaría decirte. Mientras tanto, por favor pásame el guisado.

Esto le da al prospecto una manera fácil de indicarnos: – No, no estoy interesado.– Al sólamente pasar el guisado y nada más. El prospecto no tiene que pensar objeciones tontas ni excusas si es que no está interesado o interesada.

Si no me crees que esto funciona, puedes ponerlo a prueba por tu cuenta. Prueba a tí mismo que puedes congelar la mente de alguien con sólo éstas tres palabras, "Acabo de encontrar..."

Prueba esto. ¿Tienes algunos parientes con los que te gustaría quedar a mano? En la próxima reunión familiar, toma asiento al final de la mesa. Come. Chomp, chomp, chomp, chomp. Voltea con uno de tus parientes y dile algo como esto: –Oye ¿sabes qué? Acabo de encontrar...– Y no digas nada más. Volverás loca a esa persona.

¿Te das cuenta que ésta fórmula tan simple hace que los prospectos se interesen y pidan una presentación y que no requiere de una súper actitud, un "collage" de visión, ni carisma ni mucho valor?

Así es, cualquiera puede Romper el Hielo, inclusive los nuevos distribuidores recién ingresados.

Así que memoriza esta Fórmula #1:

"Acabo de encontrar" + beneficio = buena forma de Romper el Hielo.

Y si esa fórmula es difícil de visualizar, entonces simplemente llena los espacios en esta frase:

Hey _____,

acabo de encontrar

_____.

Si te gustaría saber cómo, me encantaría decirte. Mientras tanto, por favor _____.

Vamos A Divertirnos Un Poco
Con Ésta Fórmula.

Vamos a incorporar algunos beneficios y ver cómo suena.

Estás en tu trabajo y quieres hablar con uno de tus compañeros acerca de tu negocio, le dices:

–Hey Juan, acabo de encontrar cómo podemos despedir a nuestro jefe, y arrancar nuestro propio negocio. Si te gustaría saber cómo, me encantaría decirte. Mientras tanto vamos por un café.

¿Qué es lo que dirá Juan?

–Vamos a tomarnos más tiempo con ese café.

Fácil, ¿no es así? Sabes que esto funcionará con la mayoría de las personas del trabajo, excepto... el jefe. Todos van a querer ir a tomar el café contigo para platicar.

Pero quizá tú no vas al trabajo. Quizá eres una madre que se queda en casa y tus prospectos son otras madres que están en sus casas.

Puedes decir esto:

–Oye Mary, acabo de encontrar cómo podemos quedarnos en casa con los niños y recibir un pago de tiempo completo. Si te gustaría saber cómo, me encantaría decirte. Mientras tanto, vamos al parque con los niños. ¿Qué crees que la mayoría de las Marys van a decir?

–Cuéntame más.

Nunca me ha pasado que una Mary me diga: –Oh, yo prefiero almacenar a los niños en la guardería.

¿Conoces a alguien que tenga 50 años de edad? Puedes decir:

–Hey Juan, acabo de encontrar cómo te puedes jubilar cinco años antes con todo tu sueldo. Si te gustaría saber cómo, me encantaría decirte. Mientras tanto, regresemos al trabajo.

¿Acaso Juan te va a dejar regresar al trabajo? No. Él dirá:

–Quédate aquí, dímelo ahora.

Ahora, esto no funcionaría con alguien que tiene 18 años. Para él podrías decir:

–Hey Juan, acabo de encontrar cómo nosotros no tenemos que trabajar 45 años como nuestros padres. Si te gustaría saber cómo me encantaría decirte. Mientras tanto, vamos a jugar videojuegos.

¿Miras televisión con alguien?

Le dirás algo como esto: –Hey Mary, acabo de encontrar cómo podemos trabajar tres semanas al mes pero ganar como si fueran cuatro. Me encantaría platicarte, mientras tanto veamos el noticiero.

O lo puedes decir de una manera distinta. Le puedes decir: –Hey Mary, acabo de encontrar cómo podemos tomar una semana de vacaciones cada mes, sin tener que hospedarnos con los parientes. Si te gustaría saber cómo, me encantaría decirte. Mientras tanto, dame el control remoto.

¿Qué crees que Mary va a decir?

–Unas vacaciones en familia una vez al mes? Sí, prácticamente no nos vemos nunca. Genial idea, cuéntame más.

¿Quieres ir tras líderes? Mientras miras TV les dirás.

–Hey Mary, acabo de encontrar cómo podemos tomar unas vacaciones de seis meses, dos veces por año.

Sí, Mary estará riendo, pero entonces dirá: –¡Dime más!

Si conversas con personas en el transporte, puedes decir: –Oye Juan, acabo de encontrar cómo podemos dejar de perder tiempo en el transporte. Si te gustaría saber cómo, me encantaría decirte. Mientras tanto, espero que podamos encontrar asientos vacíos en el tren.

Si hablas con secretarias, puedes decir esto:

–Hey Mary, acabo de encontrar cómo las secretarias pueden ganar más dinero en medio tiempo de lo que sus jefes ganan en tiempo completo. Si quisieras saber cómo, me encantaría decirte. Mientras tanto, te dejo regresar a tu lima de uñas.

Está bien, eso estuvo un poco exagerado, pero ésta es una buena plantilla para muchos escenarios, tales como:

–Acabo de encontar cómo las amas de casa pueden ganar más dinero en medio tiempo de lo que sus esposos ganan de tiempo completo.

–Acabo de encontrar cómo los empleados de limpieza municipales pueden ganar más dinero en medio tiempo de lo que el gobernador gana de tiempo completo.

¡Usa tu imaginación!

Es lo que decimos lo que marca la diferencia. Escucho a muchos distribuidores quejarse de los estudiantes universitarios. Ellos me dicen:

–Pero que bola de perezosos, inútiles, desmotivados, busca-empleos...

Oh espera. Quizá no son los estudiantes universitarios los que tienen la culpa. Quizá es lo que dijimos y lo que hicimos. ¿Estarías de acuerdo conmigo que si dijeramos algo mejor e hiciéramos algo mejor, por lo menos algunos de ellos nos pedirían por una presentación? Quizá no todos, pero por lo menos un poco más de ellos lo harían.

Así que para un estudiante universitario le dirías esto:

–Oye Juan, acabo de encontrar cómo los estudiantes universitarios pueden ganar más dinero de medio tiempo de lo que sus profesores ganan de tiempo completo. Si te gustaría saber cómo, me encantaría decirte. Mientras tanto, vamos a jugar videojuegos y tomar cerveza.

Yo pienso ciertamente que tendríamos a más estudiantes universitarios pidiéndonos una presentación con éste simple cambio en lo que decimos.

Con un amigo podrías decir:

–Acabo de encontrar la manera en la que no tendríamos que ir a trabajar nunca más. Si te gustaría saber cómo, me encantaría decirte. Mientras tanto, vamos al boliche.

O intenta esto:

–Acabo de encontrar cómo podemos tomar un fin de semana de cinco días en lugar de dos. Si te gustaría saber cómo, me encantaría decirte. Mientras tanto, ¿cómo está tu perro?

O esto:

–Acabo de encontrar la manera de nunca más trabajar los fines de semana. Si te gustaría saber cómo, me encantaría decirte. Mientras tanto, ¿viste el programa de televisión anoche?

Digamos que la ventaja de impuestos de tu negocio equivale a $200 cada mes. Así que estás en una fiesta, y están tres personas de pie alrededor tuyo, todos con sus bebidas. Uno de ellos voltea y te dice: –¿Y, qué hay de nuevo contigo? Y tú contestas,

–Acabo de encontrar cómo podemos tener un reembolso de impuestos de $200 cada mes. Si les gustaría saber cómo, me encantaría decirles. Mientras tanto, vamos por botana.

¿Te van a permitir tocar la botana? No, ellos dirán:

–Hey, si tú lo tienes, yo lo merezco también. ¿Cómo lo obtengo? ¿Qué hay que hacer? ¿De qué se trata?

La parte más difícil de las redes de mercadeo ha finalizado. Ellos están pidiendo una presentación. En este punto tienes las siguientes opciones.

1. Darles un CD/DVD.

2. Darles un folleto.

3. Guiarlos a un sitio web.

4. Entrar en pánico y decirles que no sabes mucho, pero puedes hacer que tu patrocinador los llame.

5. Invitarlos a una junta de oportunidad.

6. Darles una muestra del producto de tu compañía.

7. Hacer una cita para hablarles mañana.

8. Preguntar si pueden hacer una llamada de tres vías con tu patrocinador.

9. Acordar una cita para hacer una presentación dos a uno y tomar un café con tu patrocinador.

Y si tuvieses mejores habilidades, podrías:

10. Hacer una "Presentación De Un Minuto."

11. Hacer una "Historia De Dos Minutos" directo a la mente subconsciente.

Y si tuvieses habilidades superiores, podrías hacer más, pero el tema es, tienes bastantes opciones para elegir, incluso si eres un distribuidor nuevo en redes de mercadeo. Recuerda, la parte más difícil ha terminado. Te están pidiendo una presentación.

¿Ahora ves el patrón?

Es muy fácil. La fórmula es:

"Acabo de encontrar..." más un beneficio.

Pero debes de estar pensando: –Hey, espera un minuto, estas formas de Romper el Hielo son totalmente sobre la oportunidad. Quiero hablar sobre mi producto y servicios.

Está bien, hagamos algunos ejemplos con productos y servicios al azar. Vamos a decir: –Acabo de encontrar... y después agregar los beneficios siguientes. ¿Listo?

Para nutrición:

- Cómo podemos levantarnos una hora antes todas las mañanas, sintiéndonos como millonarios.

- Cómo caer dormidos después de siete minutos de que la cabeza toque la almohada.

- Cómo podemos sentirnos como de 16, pero con mejor juicio.

- Cómo podemos tener más energía que nuestros nietos.

- Cómo podemos tener un sistema inmunológico infalible, para que "nada nos derribe."

- Cómo podemos proteger a nuestros niños de todos los gérmenes que hay en la escuela.

- Cómo tener tanta energía después del trabajo como para querer ir a bailar por la noche.

- Cómo tener tanta energía que se necesite un dardo tranquilizante para sentarnos quietos.

- Cómo darles los nutrientes de frutas y verduras a los niños sin que se den cuenta.

Para cuidados de la piel:

- Cómo hacer que nuestra piel luzca 20 años más jóven con sólo 45 segundos al día.

- Cómo podemos retrasar las arrugas otros 20 años.

- Cómo podemos rejuvenecer nuestra piel mientras dormimos.

- Cómo podemos hacer que nuestra piel luzca tan joven que nos pedirán identificación para ordenar alcohol en los restaurantes. (Bueno, un poco exagerado, pero divierte).

- Cómo mejorar el acné de los muchachos en sólo nueve días.

- Cómo podemos proteger nuestra piel de los inviernos tan fuertes de aquí.

Para productos de dieta:

- Cómo podemos perder dos kilos en los próximos 10 días.

- Cómo nunca hacer una dieta jamás.

- Cómo podemos perder peso fácilmente tomando esta bebida especial en el desayuno.

- Cómo nunca tenemos que sentirnos hambrientos jamás.

- Cómo perder peso a tiempo, y no recuperarlo de vuelta.

- Cómo convertir nuestro cuerpo en una máquina de quemar grasa.

- Cómo podemos perder peso mientras dormimos.

- Cómo podemos perder peso velozmente sin preocuparnos de hacer una dieta.

- Cómo perder peso sin necesidad de inscribirnos al gimnasio.

Para viajes:

- Cómo podemos hacer un viaje de cinco estrellas por el precio de una noche de hotel.

- Cómo podemos viajar con descuento en lugar de a precio de lista.

- Cómo podemos ver el mundo de primera mano y no sólo en fotografías.

- Cómo tomar vacaciones que pongan celosos a los vecinos.

- Cómo podemos tomar una semana de vacaciones en un hotel de lujo cada tres meses.

- Cómo podemos construir recuerdos de vacaciones familiares, de por vida.

Para productos de limpieza naturales:

- Cómo podemos limpiar la casa sin químicos tóxicos.

- Cómo podemos cambiar todos los limpiadores venenosos por limpiadores naturales y nunca preocuparnos por niños pequeños que lleguen de visita.

- Cómo podemos usar limpiadores naturales y proteger el planeta.

- Cómo podemos hacer algo muy bueno para el planeta y que además es muy fácil.

- Cómo nunca poner candados en el estante de los limpiadores.

Para servicios financieros:

- Cómo hacer que nuestros ahorros paguen nuestros seguros.

- Cómo jubilarnos más pronto sin necesidad de un aumento.

- Cómo podemos ahorrar para nuestro retiro sin que el gobierno nos lo pague.

- Cómo tener más ingresos disponibles, simplemente cambiando la manera en que pagamos las cuentas mensuales.

- Cómo salir rápido de deudas con un simple cambio.

Para mascotas:

- Cómo hacer que nuestras mascotas vivan más que nosotros.

- Cómo hacer que nuestra mascota se sienta como cachorro de nuevo.

- Cómo darle a nuestra mascota la mejor nutrición disponible.

Esto se torna más y más fácil. Hacer que las personas te rueguen por una presentación no es nada duro después de todo. Sólo necesitamos dominar la habilidad de Romper el Hielo con la fórmula #1, y podemos llenar nuestra semana con presentaciones.

¿Esto Funciona Con Prospectos En Frío?

Vamos a ver.

Si ya construiste afinidad con tu prospecto, si Rompes el Hielo vas a sonar natural y no amenazante. Construir afinidad debe de tomar sólo unos pocos segundos.

Si aún no has aprendido la habilidad de construir afinidad en segundos, entonces te recomiendo que leas este excelente libro de mi autor favorito... yo.

Lee *"¡Cómo Obtener Seguridad, Confianza, Influencia Y Afinidad Al Instante! 13 Maneras De Crear Mentes Abiertas Hablándole A La Mente Subconsciente."*

Puedes encontrar este libro en www.BigAlBooks.com

Así que digamos que ya estableciste afinidad en los pimeros segundos. ¿Qué es lo que vas a decir a ese total extraño? Aquí hay un grandioso ejemplo.

El empleado del mostrador.

Al terminar tu junta de oportunidad, podrías detenerte a conversar con el empleado del mostrador del turno de la noche. Después de construir afinidad, puedes decirle:

–Acabo de encontrar cómo puedes dejar de trabajar tan tarde. Si te gustaría saber cómo, me encantaría decirte. Mientras tanto, dónde ¿están los baños?

Y si el empleado tuviera sentido del humor, podrías decir:

–Hey, acabo de encontrar cómo puedes ganar un cheque de tiempo completo sin necesidad de trabajar tan tarde. Si te gustaría saber cómo, me encantaría decirte. Mientras tanto, espero que disfrutes tu turno hasta, ¿qué... 5:00 de la mañana?

Ahora es cuestión del empleado decidir si quiere trabajar tan tarde o si quiere una nueva oportunidad. Si el tiempo es apropiado, sabemos que pedirá más información, una presentación.

¿Empiezas a creer que Romper el Hielo tiene todo que ver con lo que decimos?

Ahora, no tengo nada en contra de tener una buena actitud, un "collage" de sueños, recitar afirmaciones positivas, cantar el himno de la compañía, saltar más alto en las convenciones, etc. Eso está muy bien.

Pero inclusive si pudieras levitar directamente hacia un prospecto con tus increíbles habilidades motivacionales, **todavía tienes que decir algo**. Y son las palabras que eliges lo que hace toda la diferencia.

En la estación de gasolina.

Si estoy en otra ciudad por la noche, puedo detenerme a cargar gasolina. Ahora, en tu área, ¿pagas afuera directo en la máquina o pagas en la oficina con el empleado?

Déjame hacerte una recomendación. Muy pocas bombas de gasolina se unen al negocio. Tu prospecto está en la oficina.

Después de cargar gasolina, voy a la oficina. ¿Qué es lo que sé sobre el empleado que está dentro?

- ¿Ésta persona gana muy bien o gana poco dinero?

- ¿Ama su trabajo o no le gusta su trabajo?

- ¿Le gusta trabajar por las noches cuidando el dinero de alguien más?

- ¿Le gusta su papel de tiro al blanco para criminales?

- ¿Quiere más dinero y mejores oportunidades en su vida?

Suena como que puede ser un prospecto, ¿no es así? Así que simplemente camino hacia la oficina a pagar, y le digo algo como esto:

–Hey, acabo de encontrar cómo podemos tener un retorno de impuestos de $200dls cada mes. Si te gustaría saber cómo, me encantaría decirte. Mientras tanto, aquí está mi tarjeta de crédito.

¿Que tan difícil fue eso? Si no está interesado, va a procesar la tarjeta de crédito. Si lo está, va a preguntarme por más información y por una presentación.

O podría ir a la oficina a pagar y decir esto:

–Hey, acabo de encontrar cómo podemos ganar un cheque extra para dejar de trabajar tan duro por la noche. Si te gustaría saber cómo, me encantaría decirte. Mientras tanto, cóbrame esta soda y ¡44 barras de chocolate!

Más de alguno debe de estar pensando: –Voy a detenerme en las 30 estaciones de gasolina que hay de camino a casa y voy a cargar $10 de gasolina en cada una. Voy a tener 30 nuevos prospectos.

Bueno, estoy seguro de que el empleado se dará cuenta si sólo llegas a cargar $10 de gasolina y no será la correcta imagen de postura que queremos proyectar cuando estamos hablando con prospectos.

Pero no te limites al pensar. Puedes detenerte en las 30 estaciones y pedir direcciones hacia tu casa.

¿Qué tal con la mesera?

Si no te detienes a cargar gasolina, puedes parar por una taza de café, ¿correcto? Simplemente habla con la mesera, construye afinidad, y dile:

–Acabo de encontrar cómo puedes tener un cheque de tiempo completo y dejar de atender mesas por la noche. Si te gustaría saber cómo, me encantaría decirte. Mientras tanto, me gustaría azúcar extra para mi café.

Tan simple como eso.

Muchos distribuidores me preguntan sin embargo: –Pero yo he estado en mi negocio por seis meses, ¿Cómo puedo decirles que "acabo de encontrar" algo?

Buena pregunta. Tres soluciones rápidas:

1. Puedes decir: –Encontré...– Pero es un poco débil y sin fuerza comparada con "Acabo de encontrar..." que congela la mente de las personas y los obliga a escucharte.

2. Te apuesto que hay algo nuevo en tu negocio que acabas de encontrar. Quizá un nuevo incentivo para un viaje, un nuevo producto, un nuevo uso para algún ingrediente, o quizá algún beneficio de impuestos. Ahora le puedes decir a tu prospecto lo que acabas de encontrar.

3. Simplemente sigue diciendo: –Acabo de encontrar...– Nadie se dará cuenta. A nadie realmente le importa cómo es nuestra vida porque están enfocados en la suya. Incluso si hablaste con ellos ayer, la mayoría de las personas ya lo han olvidado o no nos estaban prestando atención. En más de 40 años en redes de mercadeo, nadie me ha preguntado: –¿Hace cuánto tiempo exactamente "acabas de encontrar...?"

Creo que a veces sentimos que somos un elemento importante en la vida de otras personas, pero la realidad es, que ellos están totalmente enfocados en ellos mismos y sus problemas, no en nosotros.

¡Es Hora De La Fiesta!

Digamos que soy un nuevo distribuidor, sin habilidades, sin palabras entrenadas, sólo estoy aprendiendo cómo es que se prospecta.

Voy a una fiesta, y ¿qué es lo que sucede cuando me aproximo con un extraño? Tengo dudas porque mis palabras pueden ocasionarme un rechazo. Miro a la gente de la fiesta y pienso:

–Mm-hmm, me pregunto si serán buenos. No, posiblemente me rechacen cuando hable con ellos. Simplemente no sé qué es lo que le pueda decir a esa persona. Esa pareja parece muy importante como para hacer mi negocio. El de allá, parece que está muy ocupado, posiblemente no me hable. Ese otro se ve malvado.

Y salgo de la fiesta sin prospectos.

Pero tú tienes la habilidad de Romper el Hielo y asistes a la misma fiesta. Tú hablaste con las mismas 20 personas a las que yo me quedé mirando nada más. Y tú te vas de la fiesta con cinco o seis prospectos para hacer presentaciones el día siguiente.

¿Cuál fue la diferencia? Ahora es muy obvio. Tú usaste "palabras entrenadas" para hacer que los prospectos te supliquen por una presentación, libre de rechazo. La fiesta estuvo divertida para tí, pero para mí fue una experiencia que golpeó mi autoestima.

Recuerda esto, los mismos prospectos, dos resultados diferentes.

¡No Intentes Esto! Sólo Es Un Ejemplo.

Prospectar no se trata de encontrar a la persona correcta. Prospectar se trata de saber exactamente qué decir y hacer. Nosotros creamos nuestros resultados.

Si no crees esto, haz este experimento en tu mente.

Imagina que sales a la calle y ves a un desconocido en la esquina. Caminas hacia él y le das un billete de $100.

Bien, ¿el desconocido va a reaccionar? ¡Pero claro que sí!

Quizá te vaya a dar un gran abrazo, o gritar que se ha sacado la lotería, o probablemente pregunte: –¿Tienes más dinero?

No importa, ese desconocido va a tener una reacción.

Ahora, imagina que sales a la calle y ves al mismo desconocido en la esquina. Esta vez, camina hacia él y dale ¡un fuerte puñetazo justo en la naríz!

¿El desconocido va a reaccionar? ¡Por supuesto!

Posiblemente te regrese el golpe, o quizá te dirá: –Oh, eres muy descortés.

Una vez más, habría una reacción diferente de parte del desconocido, en respuesta a un comportamiento diferente de nosotros.

Ahora, aquí está la gran pregunta.

¿El comportamiento del desconocido tuvo algo que ver con él mismo? O ¿el comportamiento del desconocido tiene todo que ver contigo, con lo que dijiste o con lo que hiciste?

Eso explica la prospectación. La mayoría del tiempo no se trata del prospecto, recuerda, los prospectos ya están calificados. Simplemente reaccionan a la manera en la que nos aproximamos, si construimos afinidad y si suena interesante nuestra manera de Romper el Hielo, mejor.

Si pensamos en ello, éstas son excelentes noticias. Siginifica que la prospectación está dentro de nuestro control y no tenemos que depender de la suerte para ser exitosos.

Así que pensemos de nuevo en cómo Rompemos el Hielo y las **reacciones** que causamos. Quizá nos podamos hacer otra pregunta:

La manera en la que Rompo el Hielo convierte a mi prospecto en un buen prospecto, que busca razones para unirse? O ¿convierte a mi prospecto en un mal prospecto, que busca pretextos para huir?

Fórmula #2.

Amo las palabras, "Estaría bien si..."

Los humanos están gobernados por programas de la mente subconsciente. Uno de esos programas dice lo siguiente:

Si alguien, en algún lugar, en algún momento, dice las palabras:

–Estaría bien si... la respuesta es ¡¡¡SÍ!!!

Es correcto. Nuestras mentes toman una decisión de "Sí" antes incluso de que escuchemos la frase completa. Extraño. Pero así es como funciona. Siempre y cuando la petición sea razonable, la respuesta casi siempre será, "Sí."

Muchos programas se ven afectados por estas tres palabras, pero eso no es lo importante en este momento. Lo que importa es que funciona.

¿Acaso no me crees? Ten niños.

Los niños son personitas sin poder y sin dinero. Aún así, consiguen todo lo que quieren. Ellos saben el poder de ciertas secuencias de palabras. Ellos aprenden esto a través de ensayo y error, pero a veces pienso que tienen su propia red secreta con otros niños y se comparten los secretos.

¿Alguna vez tus hijos te han dicho algo como esto?

–¿Mamá, Papá, estaría bien si hago mi tarea el sábado?

–¿Mamá, Papá, estaría bien si me quedo a dormir en casa de mi amiga Anita?

–¿Mamá, Papá, estaría bien si Anita viene con nosotros al centro comercial?

¿Dónde crees que he aprendido toda mi colección de palabras mágicas? De mi hija, por supuesto. Ella es toda una profesional, y claro que ha conseguido casi todo lo que ha querido.

Hay mucho poder en esas tres palabras "Estaría bien si..." -así que vamos a usarlas para que nuestros prospectos digan: –Sí,– de manera inmediata. Una vez que los prospectos dicen: –Sí,– es fácil agendar presentaciones. Qué manera tan genial y libre de rechazo para Romper el Hielo y colocar nuestro negocio en conversaciones sociales.

Aquí está la fórmula #2:

"¿Estaría bien si" + beneficio = buena forma de Romper el Hielo.

¿Listo para algunos ejemplos? Hablemos sobre nuestra oportunidad primero:

- ¿Estaría bien si no tuvieras que ir a trabajar otro día más?

- ¿Estaría bien si tuvieras dos cheques en lugar de uno?

- ¿Estaría bien si tuvieras fines de semana de cinco días en lugar de dos?

- ¿Estaría bien si pudieras ganar más dinero?

- ¿Estaría bien si le pudieras vender tu despertador al vecino?

- ¿Estaría bien si pudieras despertar al medio día?

- ¿Estaría bien si pudieras despedir a tu jefe?

- ¿Estaría bien si no tuvieras que trabajar horas extras nunca más?

- ¿Estaría bien si no tuvieras que trabajar tan tarde nunca más?

- ¿Estaría bien si pudieras trabajar desde tu casa en lugar de tomar el transporte diariamente?

- ¿Estaría bien si pudieras elegir tus propias horas de trabajo?

- ¿Estaría bien si pudieras quedarte en casa con tus hijos?

- ¿Estaría bien si pudieras jubilar a tu esposo del trabajo?

- ¿Estaría bien si pudieras tener un ingreso extra que pagara la universidad de tus hijos?

- ¿Estaría bien si pudieras cobrar como gángster pero ayudando a otras personas?

- ¿Estaría bien si pudieras jubilarte el día que te gradúes de la carrera?

Es fácil hacer que tus prospectos digan: −Sí. Cuéntame más. La parte más dura de tu negocio ha terminado. El prospecto ahora está ansioso por platicar contigo.

Pero de nuevo, debes de estar pensando: –Hey, espera un minuto, ésta fórmula #2 para Romper el Hielo sólo se enfoca en la oportunidad. Quiero hablar sobre mis productos y servicios.

Está bien, hagamos algunos ejemplos con productos y servicios al azar. Vamos a decir: –¿Estaría bien si...– y después agregar los beneficios siguientes. ¿Listo?

Para nutrición:

- ¿Estaría bien si pudieras tener más energía que tu competencia?

- ¿Estaría bien si pudieras tratar la artritis de manera natural?

- ¿Estaría bien si pudieras dormir como bebé todas las noches sólamente tomando este jugo?

- ¿Estaría bien si pudieras mantener saludables a tus padres por más tiempo?

- ¿Estaría bien si pudieras sentirte genial todo el día con estas pastillas?

- ¿Estaría bien si pudieras hacer que tu cuerpo envejeciera lentamente?

- ¿Estaría bien si te pudieras alimentar mejor para curar tus alergias?

- ¿Estaría bien si pudieras mejorar la nutrición de tus hijos sin que lo noten?

Para cuidados de la piel:

- ¿Estaría bien si nunca más te tuvieras que preocupar por el acné?

- ¿Estaría bien si pudieras reducir imperfecciones y arrugas en sólo siete minutos?

- ¿Estaría bien si tu piel pudiera respirar mejor todo el día?

- ¿Estaría bien si pudieras proteger tu piel contra el sol sin ese sentimiento grasoso?

- ¿Estaría bien si pudieras verte más jóven que tu hija?

- ¿Estaría bien si tu piel se hiciera más saludable mientras duermes?

Para productos de dieta:

- ¿Estaría bien si la gente te dejara de llamar "El Gordo"?

- ¿Estaría bien si pudieras quemar grasa 24 horas al día?

- ¿Estaría bien si perdieras peso sin dejar la comida que te gusta?

- ¿Estaría bien si pudieras perder peso botaneando estas galletas entre cada comida?

- ¿Estaría bien si pudieras perder 10 kilos antes de tu boda?

- ¿Estaría bien si pudieras perder 20 kilos antes de la reunión de la generación?

- ¿Estaría bien si pudieras comer chocolate y aún así perder peso?

Para servicios básicos:

- ¿Estaría bien si tu recibo eléctrico fuera más económico?

- ¿Estaría bien si pudieras pagar menos por el gas y la electricidad?

- ¿Estaría bien si te dieran reembolsos por los gastos de los servicios de tu casa?

- ¿Estaría bien si pudieras tener un descuento en lugar de pagar el precio total?

- ¿Estaría bien si tus recibos de servicios fueran más fáciles de entender?

Para joyería:

- ¿Estaría bien si pudieras tener más accesorios por menos precio?

- ¿Estaría bien si tu joyería acentuara tus mejores atributos?

- ¿Estaría bien si tu joyería hiciera juego con tu guardarropa?

- ¿Estaría bien si tu joyería fuera única y diferente?

- ¿Estaría bien si tu joyería hiciera que tus amigas dijeran "WOW"?

Para viajes:

- ¿Estaría bien si tuvieras más vacaciones?

- ¿Estaría bien si pudieras viajar en primera clase siempre?

- ¿Estaría bien si pudieras viajar a los lugares que siempre has soñado?

- ¿Estaría bien si tus vacaciones te hicieran sentir 100% relajado?

- ¿Estaría bien si tus vacaciones fueran también experiencias increíbles?

- ¿Estaría bien si las reuniones familiares fueran en un crucero?

Para productos de limpieza naturales:

- ¿Estaría bien si pudieras ayudar al medio ambiente?

- ¿Estaría bien si tu detergente de ropa fuera biodegradable?

- ¿Estaría bien si todos tus limpiadores fueran naturales y seguros?

Para servicios financieros:

- ¿Estaría bien si tus deudas se pudieran pagar más rápido?

- ¿Estaría bien si tus cuotas mensuales fueran más bajas?

- ¿Estaría bien si tu seguro fuera más barato?

- ¿Estaría bien si pudieras tener tus ahorros seguros con un pequeño cambio?

- ¿Estaría bien si pudieras pagar menos impuestos?

Así que, ¿estaría bien si intentas algunos ejemplos como éstos con los prospectos que encuentres?

Fórmula #3.
(Los Mejores Prospectos)

Pregúntate esto: –¿Las personas a mi alrededor son generalmente positivas o generalmente negativas?

La mayoría de las personas admiten que la gente en su ambiente es generalmente negativa. Muy pocos de nosotros somos lo suficientemente afortunados de vivir en un círculo social totalmente positivo y animoso.

Aceptémoslo. La mayoría de la gente es negativa. ¿Por qué?

Porque han sido golpeados por la sociedad, deprimidos por la monotonía diaria, sus sueños han sido descuartizados por su jefe chupa-sangre, están estresados por el transporte colectivo, el tráfico, y... bien, la vida tiene sus problemas.

¡Y esto es genial!

El propósito de los negocios es resolver problemas. Si la gente no tuviera problemas, entonces no habría necesidad de que existieran los negocios.

Si nadie sintiera hambre, seguramente no querrías ser dueño de un restaurante.

Si todos estuvieran saludables por siempre, no querrías ser vendedor de vitaminas.

Si la gente nunca tuviera que dormir, te irías a la quiebra siendo dueño de un hotel.

¡Quieres que la gente tenga problemas!

Un verano ofrecí un taller en Ucrania, en el Mar Negro. Algunos líderes pasaron por mí al aeropuerto, y de inmediato comenzaron a decirme sobre sus problemas de negocios. Su conversación fue algo como esto:

–Nadie en Ucrania tiene dinero. No pueden pagar un paquete de distribuidor. Nuestros productos de salud son muy costosos. Nuestros productos para la piel son muy caros. Nadie nos compra productos. La economía está terrible. Todo está carísimo. Es difícil vivir aquí. Y... ¡queremos que resuelvas todos estos problemas para 500 de nuestros dstribuidores en el taller de mañana!

El día siguiente expliqué a los 500 distribuidores que si la gente no tuviera problemas, no tendrían negocio. Así que les pregunté:

–¿Los Ucranianos quieren vivir más tiempo?

–¿Los Ucranianos quieren que sus hijos sean saludables?

–¿Los Ucranianos tienen arrugas?

–¿El invierno en Ucrania es rudo con la piel de las mujeres?

–¿Es difícil vivir con el salario de un Ucraniano?

–¿La gente en Ucrania quiere más dinero?

–¿Los Ucranianos quieren una oportunidad para mejorar su vida?

Y ahora la respuesta del grupo fue genial. Estaban agradecidos por vivir en un país con tantos problemas. ¡Los distribuidores estaban deseando que hubiesen más!

Recuerda, si alguien tiene un problema, es un prospecto. Guarda distancia de esa gente positiva, ¡ellos no son prospectos! (Sólo bromeo.)

Pero escucha a tus distribuidores hablando:

–Oh, no tengo ningún prospecto. ¡Todos los que conozco son muy negativos!

Bien, si te dicen eso, sabes que no has hecho un buen trabajo al entrenarlos. Ellos aún no saben que los problemas son nuestros amigos. Amamos a la gente negativa.

Las personas negativas son los mejores prospectos. Deberías estar buscando gente negativa en tu camino.

Lo que más me gusta es que la gente negativa:

1. Tiene un problema.

2. Sabe que tiene un problema. (Alguna gente tiene problemas pero no lo sabe. Por lo menos la gente negativa ya sabe que tiene problemas porque se está quejando de ellos.)

3. Tiene la opción de usar una solución para arreglar su problema, o continuar quejándose sobre ello por que los hace sentir felíz el hecho de ser infelíz.

Así que vamos a hacer que eso trabaje para nosotros.

Para Romper el Hielo con ésta fórmula requieres encontrar grandes grupos de personas negativas. (En Texas, a estas personas los llamamos amigos y familia.)

Después, los vas a escuchar quejarse, disgustarse, molestarse y discutir. Cuando finalmente se callen para tomar aire, simplemente vas a decir estas palabras:

–¿Te gustaría hacer algo al respecto?

Vamos a revisar. El prospecto:

1. Tiene un problema.

2. Sabe que tiene un problema.

3. Le has dado una opción, de arreglar el problema o no.

¡Estás listo!

¿Cuales son las dos posibles respuestas?

"Sí" o "No."

Si dicen: –Sí, me gustaría hacer algo al respecto,– ¡Kachin! Estás listo. Toma el dinero para su órden de productos, llena la aplicación, lo que necesites hacer.

El prospecto ha tomado una decisión de arreglar su problema.

Me encanta esto. En un salón de 100 personas, puedo rápidamente localizar 20 o 30 personas que quieren resolver sus problemas. Sólo una simple pregunta: –¿Te gustaría hacer algo al respecto?– Todo lo demás es fácil.

Ahora, podrían decir: –No, no quiero hacer algo al respecto.– Entonces yo simplemente digo: –¿Y qué más te molesta?– El prospecto va a continuar con mas cosas negativas, pero yo tranquilamente me escabullo en la primera oportunidad.

Piensa en esto. Si el prospecto dice: –No.– y le pregunto sobre sus demás problemas, en ningún momento le he mencionado que tengo un producto o una oportunidad. Sólo estoy haciendo plática.

¡Hay **cero** oportunidad de rechazo!

Quizá te estés preguntando por qué los prospectos dirían: –No, no quiero hacer algo al respecto.

Tengo esta teoría. La razón por la que los prospectos dicen: –No.– es porque quieren decir: –No.– Por eso eligen la palabra "No."

"No" no significa: –Por favor acósame durante las próximas 52 semanas.

"No" no significa: –Por favor utiliza kung-fu de programación neuro-lingüística conmigo."

"No" significa "No." Déjalos en paz. De esa manera todavía tendrás amigos y familia. No te van a vetar de bodas y funerales. Tú sólo quieres tratar con personas que quieren hacer algo para resolver sus problemas.

El reto es que las personas no te dirán: –No.– Tienen miedo a que les puedas armar una discusión, o simplemente no quieren dañar tus sentimientos. Quieren ser amables y no quieren avergonzarte. Así que si quieren decirte: –No,– pero quieren conservar las apariencias, van a inventar excusas imaginarias del por qué no quieren usar tu posible solución. Te dirán –No.– En **código secreto.**

Los nuevos distribuidores no entienden esto. Ellos creen que tienen que discutir con las objeciones imaginarias. Pero una vez que un nuevo distribuidor entiende que el prospecto en realidad está diciendo: –No.– Entonces el nuevo distribuidor puede dejar en paz al prospecto y continuar con su vida.

Déjame darte un ejemplo del código secreto.

Te invito a mi casa a cenar. Vienes a mi casa y te das cuenta de que toda mi casa está pintada de morado intenso, incluso las ventanas. Y te digo: –¿Y bien, qué te parece mi casa?

Tu estarás pensando: –Bueno, todavía no me ha dado de cenar, debo de ser amable.

Y me respondes: –Es interesante. Es colorida. Es única.

Ese es código secreto para: –Aaaarrggghhh. ¡Está espantosa, siento ganas de vomitar al ver esta casa morada!

Si no puedes reconocer cuando los prospectos te dicen: – No.– en código secreto, vas a desperdiciar mucho tiempo. Vas a terminar por molestar a mucha gente. No vas a tener tiempo de encontrar todos los buenos prospectos que sí quieren resolver sus problemas.

¿Cómo suena el código secreto en la vida real?

Ejemplo #1: Vas a casa esta noche. Tu tía está esperándote. Ella dice,

–Me duelen los tobillos. Me duelen las rodillas. Me duelen los muslos. Me duele la espalda. Me duelen los hombros. Me duele el cuello. Tengo migraña. Tengo reflujo ácido, eso ya es enfermedad, ¿lo sabías? Tengo cinco enfermedades conocidas, cuatro enfermedades desconocidas. Tres enfermedades que todavía no se descubren...

Y cuando tu tía finalmente tome un respiro, le dices: –¿Te gustaría hacer algo al respecto?

Si dice que sí, ¡ka-chin! Estás listo. Toma su dinero. Dale algunos productos.

¿Cual es la otra respuesta posible? "No."

Pero tu tía nunca te lo dirá, ella dirá: –No.– en código secreto. Veamos si lo puedes reconocer en la respuesta de tu tía.

Le dices a tu tía: –¿Te gustaría hacer algo al respecto?

Y ella dice: –Oh, estoy bajo observación médica.

Significa "No."

O ella dice: –Bueno, los niños me visitan más cuando finjo estar enferma.

Significa "No."

O ella dice: –Bueno, si me mejoro, entonces no tendría nada de que hablar, ¿verdad?

Significa "No."

O ella dice: –Bueno, mi madre murió jóven. Mi abuela murió jóven. Yo también quiero morir jóven como ellas.

Significa "No."

O ella dice: –Bueno, nada me ha funcionado porque soy muy especial.

Significa "No."

O si ella dice: –Bueno, es que no puedo tragar pastillas ni líquidos.

Significa "No."

Ahora cuando tu tía diga: –No.– en código secreto, tú simplemente dirás:

–¿Y qué otra cosa te molesta?

Escucha cómo se queja acerca de los baches gigantes que el municipio no ha reparado, etc., agarra a tu cuñado, ponlo frente a tí, y lentamente te escabulles mientras tu tía continúa con sus quejas.

Cuando un prospecto dice: –No.– La próxima cosa que dices es:

–¿Y qué otra cosa te molesta?

Sin rechazo. Y en menos de un minuto has determinado que ese prospecto no es un prospecto. Sólo les gusta quejarse demasiado. ¿Qué tan fácil se te hace esto?

Déjame darte algunos ejemplos. Vas a casa esta noche, tu tía está ahí esperando por tí, y dice.

–Oh, mi piel está muy seca. Tengo escamas de piel seca por todas partes. Cuando el perro salta sobre el sillón, parece que hubiera una nevada en la sala por toda esa piel muerta. Tengo un área grasosa justo al centro de la frente. Tengo eczema en todo el cuello. ¡Y tengo arrugas tan profundas que puedo guardar comida ahí dentro!

Cuando ella finalmente tome un respiro, vas a decir: – Tía, ¿te gustaría hacer algo al respecto?

Si dice: –Sí.– ¡Ka-chin! Estás listo. Vende algunos productos para el cuidado de su piel.

¿Cual es la otra respuesta posible?

"No."

Pero recuerda que nunca te dirá "No." Te dirá que no le interesa, en **código secreto**.

Veamos si puedes reconocer el código secreto esta ocasión.

Tu tía responde:

–Bueno, esa área grasosa en mi frente hace que me pueda acomodar mejor el sombrero. Soy alérgica a todo. Mi cuñada vende la única marca de productos que puedo usar. Y cuando el perro salta sobre el sillón me recuerda a cuando era niña y veía la nieve caer en invierno.

¿Qué es lo que vas a decir?:

–¿Y qué otra cosa te molesta?

Y tu tía va a continuar hablando de todos los demás problemas en su vida mientras tu te escabulles tan pronto como puedas.

¿Necesitas otro ejemplo?

Vas al trabajo. Mientras estás parado junto a la cafetera, Juan te dice:

–Mi coche se averió esta mañana y no tengo dinero para arreglarlo. Los recibos de la MasterCard, la Visa y la American Express ya están por llegar. No he podido ni pagar el seguro y ya debo un mes de la mensualidad del crédito. Debo dos meses de renta. El jefe no quiere darme un aumento. No tuve dinero para salir de vacaciones el año pasado.

Y cuando Juan finalmente tome un respiro, ¿qué es lo que le vas a decir?

–¿Te gustaría hacer algo al respecto?

Si Juan dice: –Sí.– ¡Ka-chin! Invítalo a una presentación, préstale un CD, DVD, mándalo a tu sitio web, habla con él en privado durante la comida, asócialo en tu negocio. Todas éstas opciones están disponibles para tí.

¿Cual es la otra posible respuesta?

"No."

Veamos si reconoces el código secreto:

–Bueno, sólo me faltan 44 años para jubilarme, no quiero arriesgar algo seguro. Y me suena a que es una pirámide. Además, mi padre murió quebrado, mi abuelo murió quebrado, yo quiero morir quebrado tal como ellos. Nada bueno me pasa. Aparte, no tengo dinero. No conozco a nadie. Y para cuando termino de ver mis ocho horas de televisión, no tengo tiempo de hacer nada más.

Juan nos está diciendo: –No.– ¿Qué más le vamos a decir?

–¿Y qué otra cosa te molesta?

Todo lo que hay que hacer es encontrar personas que se quejan, reniegan y se molestan, rápidamente revisar si son de los que quieren hacer algo al respecto y ¡trabajar con los voluntarios!

Apuesto a que no puedes esperar a encontrar algunas personas negativas. ¡Son lo mejor!

Debo de darte una precaución sobre una cosa.

Si continúas preguntándole a la gente: –¿Te gustaría hacer algo al respecto?– Después de un tiempo tus parientes van a comenzar a ver un patrón. Van a dejar de quejarse contigo porque saben lo que les dirás.

Hmmm, pues no está tan mal ¿correcto?

Piensa que al prospectar:

No queremos irritar a las personas. Sólo queremos ayudar a las personas que tienen un problema y que quieren solucionarlo.

Puedes Romper el Hielo con ésta fórmula con casi cualquier producto.

Déjame darte un ejemplo más.

Tengo sobrepeso y cualquiera tendría que estar ciego para no darse cuenta. Así que te digo:

–Bien, tú sabes que he tratado de perder peso. Pero es muy, muy difícil. Tengo huesos robustos. Además de que tengo un problema con el metabolismo. He estado comiendo sólo rosquillas para adelgazar, porque tienen un hueco en el medio, así que pensarías que estaría perdiendo peso. Me he comprado varios videos de ejercicios, ya mi pulgar tiene una ampolla por presionar el botón de "adelantar" en el control remoto. Y aún así no pierdo peso.

Cuando tome un respiro de tantas quejas, tu dirás: –¿Te gustaría hacer algo al respecto?

Yo respondo: –¡Sí!

¿Qué tan fácil sería tomar mi orden para algunos productos de dieta? Las redes de mercadeo son fáciles si sabes qué decir.

¿Pero cómo sonaría un "No" en código secreto para mis problemas de peso?

–Nada me funciona. Ya hice ejercicio una vez y sudé mucho, yo creo que soy alérgico. Me da hambre a media noche. Es mucha fuerza de voluntad. No es grasa, es el bíceps del estómago. Toda mi familia es gorda, etc.

Sólo recuerda estas palabras mágicas:

"¿Te gustaría hacer algo al respecto?"

Y si eso te parece muy fuerte para tu gusto, lo puedes suavizar un poco diciendo esto:

"¿Alguna vez consideraste hacer algo al respecto?"

Sí, la pregunta que hagas es importante, pero la habilidad más importante es la de escuchar la respuesta para asegurarte de que no te están diciendo "No" en código secreto.

¡Me encanta la gente negativa!

Fórmula #4.
(Creando El Prospecto)

Debes estar pensando:

–Jamás podré Romper el Hielo con la fórmula #3. Todos los que conozco son muy positivos. ¡Nunca encuentro personas negativas!

Cuando estoy junto a la cafetera en la oficina, todos mis compañeros dicen: –¡Oh Dios mío, mira mi cheque! ¡Se excedieron en mi pago una vez más! Nunca hay tráfico para venir a trabajar. Mis hijos son tan bien portados. Mi equipo deportivo siempre gana. Mi cerveza favorita siempre está en oferta– la vida es maravillosa donde yo vivo. Nadie tiene problemas o pensamientos negativos.

Bueno, si todos tus prospectos son positivos, entonces no usarías la fórmula #3 para Romper el Hielo.

Para personas positivas, vas a necesitar aprender a Romper el Hielo con la fórmula #4:

¡Cómo inducir negatividad!

Puedes inducir negatividad a la orden, instantáneamente con una simple frase.

Simplemente dirás:

–¿Cuales son tus dos más grandes problemas de _____?

¡No puedes ayudar a alguien si no tiene problemas! Veamos cómo funciona.

Regresas a casa después del trabajo, tu tío está en casa, bebiendo tus cervezas. Éstá muy felíz. Te dice:

–Ahhh, mi equipo deportivo ganó el día de hoy. Mi marca favorita de cerveza estaba en descuento. Mi coche funciona mejor que nunca. Hoy tuve buen rendimiento con la gasolina, tanto así que tuve que sacar gasolina extra del tanque por la mañana. ¡Me siento grandioso!

En algún momento de la conversación con tu tío le dirás:
–Bien, ¿cuales son tus dos más grandes problemas con tu **carrera?**

Tu tío te contesta: –¿Carrera? ¿Pero cual carrera? Mi jefe me odia a morir. Tuve que trabajar horas extra la semana pasada, me perdí el concierto de violín de mi hija mientras hacía los estúpidos reportes que nadie lee. Y la persona que se sienta a mi lado se corta las uñas de los pies en el escritorio. ¡Cómo odio eso!

Cuando tu tío finalmente tome un aliento, ¿qué es lo que dirás?

–¿Te gustaría hacer algo al respecto?

Y si tu tío dice; –Sí.– ¡Ka-chin!

Ya sabes qué hacer, usas la fórmula para Romper el Hielo #3.

O en tu camino a casa, te detienes por una taza de café, y la camarera dice: –Ahhhh, *Esposas Desesperadas* acabó justo como yo quería. Fue fantástico. Y me acaban de renovar mi licencia de manejo con una foto muy buena donde salgo muy bien. Además, mañana es la gran venta con 50% de descuento en el centro comercial. No puedo esperar. ¡Qué buen día he tenido hoy!

Le dices a la camarera: –Y ¿cuales son tus dos problemas más grandes de ser mesera por las noches?

Y ella contesta: –Bueno, en primer lugar, no ví *Esposas Desesperadas* en su horario original. Tuve que ver la repetición más tarde, cuando todas mis amigas ya estaban platicando de cómo terminó. Trabajando por las noches, no veo a mis hijos cuando regresan de la escuela. Y, tú sabes, si eres mesera por las noches, ¡hay que atender clientes ebrios y tacaños que no dan propinas!

Y tú dices: –¿Te gustaría hacer algo al respecto?

Y si dice: –Sí– ¡Ka-chin!

Ya sabes qué hacer, usas la fórmula para Romper el Hielo #3.

O, regresas del trabajo y tu tía está esperando por tí. Tu tía dice:

–Hoy fuí a una fiesta de cumpleaños, estuvo maravillosa. Los vestidos tan lindos. La decoración de globos estaba perfecta, ¡los colores!...

Tú dices: –Oye tía, ¿cuales son tus dos problemas más grandes con el cuidado de tu piel?

Y ella contesta: –Oh, tengo un horrible eczema que cuando lo rasco sangra y me mancha toda la ropa como si estuviera teñida. No quiero teñir mi ropa por que ya no está tan de moda como en los 70's. Cuando me rasco, las hojuelas de piel muerta que me caen se van a todas partes y ahora el perro se hizo alérgico a mi piel muerta. Y éstas arrugas, ¡Dios mío! Se están haciendo tan profundas que ¡no les puedo ver el fondo!

Tú dices: –Tía, te gustaría hacer algo al respecto?

Y si dice: –Sí– ¡Ka-chin!

Ya sabes qué hacer a continuación, usas la fórmula para Romper el Hielo #3.

Muy simple. Sólo haces que las personas piensen en sus problemas, y les das una oportunidad de hacer algo al respecto. Recuerda, estamos en el negocio de solucionar problemas.

Debería agregar una advertencia aquí para los distribuidores que venden productos para la salud.

Ten mucho cuidado cuando le preguntas a alguien: –¿Cuales son tus dos más grandes problemas de _____?"

Esta pregunta sólo debe de hacerse por un profesional. ¿Por qué? Sí, es una pregunta muy poderosa, pero si no eres cuidadoso, puede consumir mucho de tu tiempo.

Digamos que estás en una fiesta, y le preguntas a alguien: –Mary, ¿cuales son tus dos más grandes problemas de salud?

Ten cuidado. Te puede responder:

–Bien, toma asiento. ¡Volúmen uno!

¡Seis horas después estarás a medio camino y ella seguirá con el recuento de cada medicamento y procedimiento quirúrgico! Si quieres recuperar el tiempo que necesitas para vivir, ¿qué es lo que le dirás?

–Mary, ¿te gustaría hacer algo al respecto?– o la otra: – Mary, ¿has considerado hacer algo al respecto?

En el lado positivo, has hecho una amiga para siempre. Tú eres probablemente la primera persona que le ha preguntado sobre todo su sufrimiento. Incluso sus parientes más cercanos no la escuchan, pero tú lo hiciste. De hecho, has creado una afinidad bastante fuerte, así que esta pequeña pregunta te puede generar ventas ilimitadas de productos para la salud.

Aquí están algunos ejemplos de preguntas:

– ¿Cuales son tus dos problemas más grandes de trabajar en un restaurante de comida rápida por la noche?

–¿Cuales son tus dos más grandes problemas de usar el transporte colectivo para ir a trabajar?

–¿Cuales son tus dos más grandes problemas de trabajar en un hotel?

–¿Cuales son tus dos problemas más grandes de doblar turnos?

–¿Cuales son tus dos problemas más grandes de limpieza?

—¿Cuales son tus dos más grandes problemas con las dietas?

—¿Cuales son tus dos más grandes problemas de...?

Bueno, ya tienes la idea.

Así que no te preocupes si ocasionalmente te encuentras con una persona positiva. Suele suceder. Sólo Rompe el Hielo con la fórmula #4 para inducir negatividad instantáneamente.

Luego ayúdale a resolver su problema.

Fórmula #5.

La mayoría de los países tienen leyes informales sobre qué decir cuando estás en una fiesta y conoces personas nuevas. Las personas requieren hacer estas tres preguntas en este orden en específico.

Pregunta #1: ¿Cual es tu nombre?

Pregunta #2: ¿Dónde vives?

Pregunta #3: ¿A qué te dedicas?

¿Suena familiar? (No, realmente no es una ley.)

Así que estás en una fiesta. Alguien te pregunta: –¿Y a qué te dedicas?

¿Piensas que tu respuesta tiene el poder de convertir a esa persona en un buen prospecto que busque motivos para unirse, o en un mal prospecto que busque pretextos para no unirse?

Por supuesto. Debemos de seleccionar cuidadosamente las palabras de nuestra respuesta y utilizar las palabras apropiadas para que ésta persona nos **pida** una presentación.

Ahora, cuando yo recién iniciaba, ¿cuantas habilidades tenía? Ninguna. Nerds introvertidos, estudiantes de ingeniería, contadores silenciosos, científicos, personas tímidas... ése era mi grupo de amistades. No sabíamos que las habilidades de socialización o comunicación si quiera existían.

Cuando la gente me preguntaba: –¿A qué te dedicas?– Entraba en pánico. Nadie me había enseñado palabras específicas que debía usar. Mis respuestas generalmente consistían en diarrea verbal que convertía personas ordinarias en malos prospectos.

¿Quieres algunos ejemplos de mis respuestas desastrosas?

–Estoy en la búsqueda global de talentos empresariales, para libertad de tiempo y libertad financiera, dónde van a mejorar sus esfuerzos a través de múltiples fuentes de ingresos residuales...– Arrgghhh. Qué feo.

–Estoy con la Compañía Fabulosa, de la ciudad fabulosa, con el fabuloso fundador que camina sobre el agua cuando está congelada, con un fabuloso producto patentado que recolectamos debajo de una roca especial en China con nuestros fabulosos elfos entrenados...– Ya sabes qué tan feo es responder así.

–Soy el Jefe Ejecutivo Oficial y el Reclutador Oficial Ejecutivo de la Empresa Misteriosa...

Este tipo de respuestas no son lo que la gente espera escuchar en una fiesta. Sólo quieren una simple explicación de lo que hacemos. Ellos quieren algo como: Carpintero. Hago pizzas. Sub-gerente del banco. Granjero. Artista de circo. Entonces pueden decir: –Oh, está bien. Realmente no están prestando atención, sólo están siendo amables.

Después de varios desastres, pensé: –¿Cómo puedo explicar esto?– Una red de mercadeo es diferente a un empleo, ¿verdad? Los prospectos no quieren una presentación completa tampoco.

Piensa en esto. Cuando un prospecto dice: –¿A qué te dedicas?– No vas a decir: –¡Espera, déjame ir al coche para traer mi presentación de PowerPoint, el DVD, mi panfleto y algunas muestras!– Puede ser un poco exagerado.

Los prospectos sólo quieren que sepas **generalidades** sobre lo que haces. Pero, ¿cómo explicas algo un poco más complicado como una red de mercadeo? Les dices:

–Bueno, en mi negocio compras los productos de la compañía al precio de mayoreo, luego los vendes al menudeo. El diferencial es la ganancia de venta, la cual es ganancia neta, pero no es la ganancia de red, y depende de tu situación de impuestos y luego tienes generaciones de personas que hablan con más personas, y va creciendo un poco lento al principio, pero luego puedes darte buenas vacaciones si tu PV y tu PGV son suficientes para calificar y...

¿Dónde empiezas? ¿Dónde terminas?

Así que vamos a tener una buena explicación de una buena vez y dejemos de perder todo ese dinero por no ser capaces de crear interés con las personas.

Otros dos ejemplos de desastres.

Cuando comencé, todas mis fórmulas para Romper el Hielo eran un desastre. Realmente quieres evitar las siguientes dos fórmulas.

Primero, las personas me preguntaban a qué me dedicaba. No sabía qué decir, así que no decía **nada**.

Creéme, eso no era efectivo. ¡Las personas me miraban con si fuese un idiota que no sabe cómo se gana la vida!

Segundo, sabía que debía decir algo, así que cuando más personas siguieron preguntando: –A qué te dedicas?– Para evitar las vergüenzas, simplemente cambiaba el tema. Decía algo como:

–Bueno, yo me dedico a... ¡Hey mira! ¡Ahí está Superman!– Con eso cambiaba el tema, y detuve la vergüenza temporalmente, pero todavía no estaba produciendo resultados.

Un día finalmente noté que las personas son **reactivas**. ¿Recuerdas cómo reaccionó el desconocido cuando le diste los $100? ¿Y cómo tuvo una reacción distinta cuando le diste un golpe en la naríz?

El principio es el siguiente:

Las personas **reaccionan ante tí, y tú puedes controlarte**.

Simplemente cambia lo que dices y lo que haces, las personas van a reaccionar diferente.

Una mejor solución.

Las personas van a seguir preguntando a qué te dedicas. Recuerda, las palabras que eliges para tu respuesta van a:

1. Convertirlos en buenos prospectos, buscando razones para afiliarse. Hacer que te pidan más información, rogando por una presentación.

O...

2. Convertirlos en malos prospectos que van a cambiar de tema rápidamente y dirán: –Oh, ¿y cómo es el clima dónde vives?– Y después, van a inventar una excusa para conversar con alguien más.

Piénsalo. Las personas **tienen** que reaccionar. Así que, ¿cómo quieres que reaccionen ante lo que les dices?

Apuesto a que te gustaría esta reacción. Después de que les dices a los prospectos a qué te dedicas, que su reacción fuese decir:

–Oh, ¿en serio? ¿Cómo funciona eso?

Has convertido a estos prospectos en buenos prospectos, que buscan razones para afiliarse. Te están pidiendo más información, te están rogando por una presentación.

Ahora, si sabes exactamente la reacción que quieres provocar, ¿no sería más fácil crear algunas frases para obtener esa reacción?

Las palabras que me encantan escuchar de un prospecto son:

–Oh, ¿en serio? ¿Cómo funciona eso?

Si tu respuesta entrenada ante la pregunta: –¿A qué te dedicas?– provocara la respuesta: –Oh, ¿en serio? ¿Cómo funciona eso...?– ¿No te sería más fácil continuar desde ese punto?

Tu prospecto está emocionado por lo que le acabas de decir y ahora está **pidiendo** por una presentación.

Aquí está la Fórmula #5.

Si me preguntas: –¿A qué te dedicas? -usaré la fórmula #5, que es:

–Yo le muestro a la gente cómo _____ + resolver un problema.

Ahora, esto se pone fácil. Vas a poder reconocer estos problemas. ¿Listo?

- Yo le muestro a la gente cómo despedir a su jefe.

- Yo le muestro a la gente cómo obtener un cheque extra.

- Yo le muestro a la gente cómo dejar de tomar el transporte público y trabajar desde su casa.

- Yo le muestro a la gente cómo elegir sus horas de trabajo.

¿Ves cómo estamos resolviendo problemas? Los prospectos quieren despedir a su jefe, obtener un cheque extra para pagar las cuentas, dejar de perder horas en el transporte y elegir las horas para trabajar. Los prospectos te amarán cuando resuelvas sus problemas y reaccionarán con respuestas como:

–Oh, ¿en serio? ¿Cómo funciona eso?

Esto es demasiado fácil, ¿no es cierto?

Sólo resuelve sus problemas. Pones un problema o pones el beneficio que resuelva un problema después de las palabras: –Yo le muestro a la gente como...

¿Quieres algunos ejemplos más?

Para la oportunidad:

- Yo le muestro a la gente cómo jubilarse diez años antes con el total de su sueldo.

- Yo le muestro a la gente cómo trabajar tres semanas por mes, pero ganar dinero por las cuatro.

- Yo le muestro a la gente cómo ser sus propios jefes para que ganen beneficios de impuestos.

- Yo le muestro a la gente cómo arrancar su propio negocio en tiempo parcial para crear riqueza rápidamente.

- Yo le muestro a la gente cómo nunca tener que ir a trabajar otra vez más.

- Yo le muestro a la gente cómo tener vacaciones de seis meses, tres veces al año. (Bueno, al menos vas a tener su atención.)

- Yo le muestro a la gente cómo despertarse por la mañana cuando están hartos de dormir.

- Yo le muestro a la gente cómo ganar más dinero que su jefe.

- Yo le muestro a los maestros cómo ganar dinero sin el estrés de dar clases.

- Yo le muestro a las abuelas cómo hacer cosas interesantes y ganar dinero por ello.

- Yo le muestro a los policías cómo tener una nueva carrera para que sus esposas no se preocupen por ellos todo el día.

- Yo le muestro a los recién graduados de la preparatoria cómo comprar una universidad, en lugar de estudiar en una. (Está bien, un poco de exageración en ésta, pero hace que la fórmula sea fácil de recordar.)

Para nutrición:

- Yo le muestro a la gente cómo ganarle al despertador y estar llenos de energía.

- Yo le muestro a la gente cómo dormir como un bebé todas las noches.

- Yo le muestro a la gente cómo reírse de los dolores de artritis y articulaciones cambiando lo que toman por las mañanas.

- Yo le muestro a las abuelas cómo tener los nietos más listos del colegio.

- Yo le muestro a la gente cómo reírse de la temporada de gripe.

- Yo le muestro a la gente cómo tener más energía de manera natural.

Para cuidados de la piel:

- Yo le muestro a las madres cómo verse más jóvenes que sus hijas.

- Yo le muestro a la gente cómo reducir las bolsas bajo los ojos de manera natural.

- Yo le muestro a la gente cómo borrar las estrías en 21 días.

- Yo le muestro a la gente cómo hacer su piel tan suave y jóven que no pueden dejar de acariciarse.

- Yo le muestro a la gente cómo hacer su piel tan fresca y limpia que no necesitan maquillaje.

Para productos de dieta:

- Yo le muestro a la gente cómo entrar fácilmente en sus pantalones ajustados.

- Yo le muestro a la gente cómo perder peso una vez y no recuperarlo nunca.

- Yo le muestro a la gente cómo bajar de peso tomando una malteada deliciosa sabor chocolate.

- Yo le muestro a la gente cómo verse genial con una transformación especial de 30 días.

- Yo le muestro a la gente cómo perder peso y hacer trampa en la dieta.

Para viajes:

- Yo le muestro a la gente cómo viajar a precios de agencia de viajes.

- Yo le muestro a la gente cómo dejar de tomar vacaciones en casa de la suegra.

- Yo le muestro a la gente cómo ahorrar dinero cuando se hospeda en hoteles de lujo.

- Yo le muestro a la gente cómo darse las vacaciones que otra gente sólo sueña con tener.

- Yo le muestro a la gente cómo conseguir promociones secretas cuando sale de vacaciones.

Para productos naturales de limpieza:

- Yo le muestro a las amas de casa cómo deshacerse de sus limpiadores tóxicos.

- Yo le muestro a la gente cómo usar detergentes que sean seguros para sus hijos.

- Yo le muestro a la gente cómo cuidar el medio ambiente cambiando la marca de sus limpiadores caseros.

Para servicios financieros:

- Yo le muestro a la gente cómo ahorrar para su retiro sin arruinar su economía mensual.

- Yo le muestro a la gente cómo salir rápido de las deudas y tener un crédito reluciente.

- Yo le muestro a la gente cómo crear una cuenta de ahorros de sus gastos mensuales.

- Yo le muestro a la gente cómo ahorrar dinero en impuestos para que puedan disfrutar más de la vida.

Sí, es increíblemente fácil hacer que nuestros prospectos digan:

–Oh, ¿en serio? ¿Cómo funciona eso?

Claro que no todos van a responder de esa manera. Algunos no estarán escuchando, o puede que no les interese lo que haces para ganarte la vida. Estos no son prospectos, y simplemente van a responder: –Oh, ¿y cómo es el clima dónde vives?

Esa es una forma fácil para ellos de salir de esa parte de la conversación, y es una salida libre de rechazo para tí también. No hubo daños. No hubo rechazo.

Pero... pero... pero...

Estarás pensando: –Oh, esto es genial. Alguien me pregunta a qué me dedico, yo Rompo el Hielo con la fórmula #5, pero espera. Sólo **una** persona por mes me pregunta a qué me dedico, ¡me voy a morir de hambre esperando a esa persona por mes!

Es una buena preocupación, Sin embargo, visualiza esto.

Hay 1,000 personas afuera de tu puerta, haciendo una fila. Cada persona tiene una tarjeta en su mano con la instrucción de hacerte la pregunta de a qué te dedicas, y cada persona llega contigo, una por vez, y te hace la pregunta:

–¿A qué te dedicas?

Si le das a cada persona tu mejor respuesta usando la fórmula #5 para Romper el Hielo, ¿no crees que tendrías todos los voluntarios necesarios para patrocinar durante toda tu carrera? ¡Sería muy fácil!

Puedes ser selectivo. Algunos de esos 1,000 no van a estar interesados. Algunos van a estar interesados. Sólo toma a los fáciles. Por ejemplo, al prospecto #671 podrías decir: –Realmente no me gusta cómo vistes. Siguiente.

Nadie te está obligando a tomar o a convencer a nadie. Simplemente aceptas a los voluntarios que responden favorablemente cuando respondes a la pregunta de a qué te dedicas.

Claro, eso sería si la vida fuese perfecta. Pero la vida no lo es, y no tienes una fila de 1,000 personas afuera de tu puerta. Pero, ¿que tal si tres o cuatro personas diariamente llegaran contigo y te preguntaran a qué te dedicas? ¿Cuantas personas serían en un año? Más de 1,000 personas.

Hmmmm.

Ahora, piensa en esto. Si quisieras tres o cuatro personas todos los días que llegaran contigo y preguntaran a qué te dedicas, ¿qué tendrías que hacer para que eso sucediera?

Todo lo que tienes que hacer es preguntar a tres o cuatro personas a qué se dedican **ellos** primero.

Estas personas van a tomar como unos 10 minutos hablando de sus largas y aburridas vidas fuera de una red de mercadeo. Y cuando ellos terminen, probablemente van a decir: –Y a propósito, ¿a qué te dedicas?

Y ya sabes exactamente cómo responder esa pregunta para crear un prospecto, suplicando por una presentación.

Así que si quieres 1,000 personas preguntando: −¿A qué te dedicas? - lo único que tienes que hacer es preguntar a tres o cuatro personas diariamente: −¿A qué te dedicas?

En un año, podrías tener todas las personas que necesitas patrocinar personalmente con sólo ésta simple técnica.

Los Distribuidores Extremadamente Tímidos Pueden Hacer Esto.

Digamos que soy un distribuidor extremadamente tímido en tu grupo. Quiero ser exitoso, conocer extraños y construir un buen grupo, pero tengo miedo a hablar con gente.

Eso no va a funcionar muy bien ¿verdad?

Pero como mi patrocinador, tú me puedes ayudar a convertirme en un poderoso líder con un grupo enorme usando esta simple conversación.

Big Al: –Oh, quiero ser exitoso, pero soy muy tímido como para hablar con más personas sobre mi negocio. ¿Qué puedo hacer?

Tú: –Bueno, Big Al, lo primero que quiero que hagas es no decirle a nadie acerca de tu negocio. Lo vas a mantener como un secreto. ¿Puedes hacer eso?

Big Al: –Oh sí. Claro que puedo hacer eso.

Tú: –Tampoco, quiero que menciones nada acerca de nuestros productos o servicios. No le digas a nadie. ¿Puedes hacer eso?

Big Al: –Oh sí. Claro que puedo hacer eso. Pienso que de esa manera me siento más cómodo. A propósito, ¿qué es lo que sí quieres que haga?

Tú: –Todo lo que quiero que hagas es que me ayudes a crear la Paz Mundial. Es todo. Ahora, seguramente has escuchado el dicho: –Piensa global, pero actúa local.– ¿cierto?

Big Al: –Sí, lo he escuchado. Pero crear la Paz Mundial es un gran trabajo, ¿no es así? Me gustaría ayudar, incluso localmente. ¿Qué es lo que voy a hacer localmente?

Tú: –La forma más sencilla de creal la Paz Mundial es ayudar a tres o cuatro personas a sentirse bien consigo mismas cada día. ¿Podrías hacer eso?

Big Al: –Estaré feliz de hacerlo. ¿Pero cómo ayudo a tres o cuatro personas al día a sentirse mejor con ellos mismos?

Tú: –Simple. Sólo vas a hacer que hablen de ellos mismos.

Big Al: –Suena genial, pero ¿cómo hago que las personas hablen de ellos mismos?

Tú: –Fácil. Sólo hay que hacerles una pregunta.

Big Al: –Oh, ¿pero qué pregunta les puedo hacer?

Tú: –¿Qué tal preguntarles a qué se dedican? Esa pregunta es fácil para que las personas la contesten, y les va a encantar hablar de ellos mismos.

Big Al: –Muy bien, lo tengo. Sólo preguntar a tres o cuatro personas todos los días a qué se dedican, luego ellos hablan de sí mismos, y yo ayudo a crear la Paz Mundial. Claro que puedo hacer eso.

Tú: –Genial. Oh, por cierto. Algunas veces cuando las personas terminen de hablar de a qué se dedican, te podrían preguntar a qué te dedicas tú. Debes de responder. Sería maleducado de tu parte responder: –No puedo decirte. Es secreto.– Así que si alguien te pregunta a qué te dedicas, simplemente dirás: –Yo le muestro a las personas cómo despedir a su jefe.– Y eso es todo.

Big Al: –Está bien, espero que no me pregunten. Soy tímido. Pero si lo hacen voy a responder: –Yo le muestro a las personas cómo despedir a su jefe.

Tú: –Oh, por cierto, algunas veces cuando respondes: – Yo le muestro a las personas cómo despedir a su jefe.– la otra persona te podría preguntar: –Oh, ¿en serio? ¿Cómo funciona eso?– Si te preguntan eso, no entres en pánico. Sólo diles que yo puedo responder esa pregunta por tí, que les haré una llamada.

Big Al: –Wow. Gracias. Voy a referir contigo a todo el que me haga esa pregunta. Tal vez algún día aprenderé cómo responderla.

¿Ves un plan donde inclusive la persona más tímida del mundo puede construir un negocio? Simplemente preguntando a tres o cuatro personas por día: –¿A qué te dedicas?– casi cualquiera puede localizar los voluntarios suficientes para construir un negocio enorme y muy exitoso.

Las personas tímidas son geniales. Sólo son tímidas, no perezosas. Ellos también quieren construir un gran negocio.

Fórmula #6.

Hay una segunda manera de responder a la pregunta: –¿A qué te dedicas? Es un poco más complicada, pero a algunos distribuidores les gusta más.

¿Por qué?

Porque los prospectos son perezosos. No quieren pensar y ésta fórmula hace todo el pensamiento por ellos. Mira, cuando le dices a un prospecto a qué te dedicas, el prospecto debe de pensar: –¿Ésto me resuelve algún problema?

Así que en lugar de dejar que los prospectos lo averiguen por sí mismos, vamos a hacer el trabajo duro por ellos. Aquí está la fórmula:

1. –Bien, tú sabes cómo... (problema)

2. –Bien, lo que yo hago... (solución)

Ahora, si has leído mi libro, *"¡Cómo Obtener Seguridad, Confianza, Influencia Y Afinidad Al Instante! 13 Maneras De Crear Mentes Abiertas Hablándole A La Mente Subconsciente"* ya sabes qué tan poderosa es la frase: –Bien, tú sabes cómo...– con los prospectos. Los prospectos inmediatamente aceptan lo que dices como verdad. Eso es un gran paso. Tu prospecto no va a dudar que el problema que describes no es un problema real para mucha gente.

Luego, cuando explicas qué es lo que haces para ganarte la vida, vas a proveer una solución para ese problema. Es más fácil demostrarlo de lo que es explicarlo.

Digamos que alguien te hace la pegunta: –A qué te dedicas?

Podrías responder:

–**Bien, tú sabes cómo** recibimos mucha cobranza por correo todos los meses. **Bien, lo que yo hago** es mostrarle a la gente cómo recibir un cheque extra en el correo que pague por todas esas cuentas.

¿Qué es lo que está pensando tu prospecto? Seguro está pensando:

–Sí, yo recibo un cobro por la casa, un cobro de impuestos, uno de la MasterCard, un cobro del préstamo del auto, un cobro de mi seguro... wow, recibo muchos cobros. ¡Necesito saber más!

Una vez más el prospecto está pidiendo una presentación. La vida es bella.

Aquí hay más ejemplos de lo que puedes responder cuando alguien te pregunta: –¿A qué te dedicas?

Para oportunidad:

- Bien, tú sabes cómo todos odiamos los empleos. Bien, yo le muestro a las personas cómo pueden despedir a su jefe.

- Bien, tú sabes cómo la mayoría de los empleos no pagan lo suficiente. Bien, yo le muestro a las personas cómo obtener un segundo ingreso para hacerles la vida más fácil.

- Bien, tú sabes cómo todos odiamos perder tiempo valioso en familia mientras estamos atorados en el tráfico. Bien, yo le muestro a las personas cómo pueden trabajar desde su casa.

- Bien, tú sabes cómo las cosas están tan caras hoy en día. Bien, yo le muestro a las personas cómo tener más dinero con un divertido negocio de tiempo parcial.

- Bien, tú sabes cómo es difícil sacar los gastos con dos quincenas por mes. Bien, yo le muestro a las personas cómo poner su propio negocio de tiempo parcial para que puedan ganar el dinero que necesitan.

- Bien, tú sabes cómo algunas personas tienen el problema de tener mucho mes y poco dinero. Bien, yo le muestro a las personas cómo pueden recibir un cheque extra cada mes para resolver ese problema.

- Bien, tú sabes cómo los fines de semana son muy cortos. Bien, yo le muestro a las personas cómo pueden darse un fin de semana de cinco días todas las semanas.

- Bien, tú sabes cómo nunca hay dinero que sobre para hacer ahorros. Bien, yo le muestro a las familias cómo pueden llenar rápido su cuenta de ahorros.

Para nutrición:

- Bien, tú sabes cómo envejecer duele. Bien, yo le muestro a las personas cómo detener ese proceso y sentirse más jóvenes en sólo siete días.

- Bien, tú sabes cómo los nietos pueden convertirse en demoledores de casas. Bien, yo le muestro a las abuelas cómo tener más energía que sus nietos.

- Bien, tú sabes cómo queremos proteger a nuestros hijos de tantos gérmenes que hay en la escuela. Bien, yo le muestro a las madres cómo los pueden proteger con un simple jugo todas las mañanas.

- Bien, tú sabes cómo queremos que nuestros hijos estén saludables para no tener que salir del trabajo y llevarlos al médico. Bien, yo le muestro a las madres cómo tener los hijos más saludables de todo el vecindario.

- Bien, tú sabes cómo algunas personas tienen que monitorear sus niveles de azúcar a cada rato. Bien, yo le muestro a las personas cómo pueden bajar sus niveles de azúcar en la sangre sin drogas o medicamentos.

- Bien, tú sabes cómo nos sentimos cansados después de un largo día de trabajo. Bien, yo le muestro a las personas cómo tener 3 horas extras de energía por las tardes.

- Bien, tú sabes cómo muchas personas sienten ganas de tomar una siesta alrededor de las 2:00pm después de una buena comida. Y cuando llegan a casa se sientan en su sillón favorito, toman el control remoto y esperan a que alguien les lleve comida antes de caer dormidos. Bien, yo le muestro a las personas cómo pueden tener energía durante todo el día tomando estas vitaminas especiales.

Para el cuidado de la piel:

- Bien, tú sabes cómo las arrugas nos dan "carácter" Bien, yo le muestro a las mujeres cómo mantenerse sin arrugas por otros 10 años.

- Bien, tú sabes cómo es odioso tener que ponerle crema con esteroides al eczema de nuestros hijos. Bien, yo le muestro a las mamás cómo usar productos naturales para mantener sana la piel de sus niños.

- Bien, tú sabes cómo es odioso arrugarnos más cuando estamos dormidos. Bien, yo le muestro a las mujeres cómo usar una crema especial para que su piel rejuvenezca mientras duermen.

- Bien, tú sabes cómo todos deseamos una piel más suave. Bien, yo le muestro a las mujeres cómo hacer que su piel esté más suave en tres días usando una loción mágica.

- Bien, tú sabes cómo todos queremos que nuestra piel se vea más jóven. Bien, yo le muestro a las mujeres cómo hacer que su piel se vea más jóven cada noche, ¡y después de pocas semanas ya no pueden ordenar bebidas alcohólicas en restaurantes!

Para productos de dieta:

- Bien, tú sabes cómo nunca hay tiempo para hacer ejercicio. Bien, yo le muestro a las personas cómo mantenerse en forma, sólo cambiando lo que comen en el desayuno.

- Bien, tú sabes cómo es tan difícil perder peso incluso si sólo nos comemos el contorno de las donas. Bien, yo le muestro a las personas cómo perder peso ¡sin importar que se coman el hueco del centro!

- Bien, tú sabes cómo es difícil comer bien cuando estamos tan ocupados. Bien, yo le muestro a las personas cómo convertir su cuerpo en una máquina-quema-grasa.

- Bien, tú sabes cómo es difícil perder peso, especialmente si tenemos huesos anchos, o problemas de tiroides. Bien, yo le muestro a las personas cómo mantenerse delgados "reseteando" su metabolismo.

- Bien, tú sabes cómo a todos nos gusta comer pizzas y postres. Bien, yo le muestro a las personas cómo usar unas tabletas mágicas para que todas esas calorías y azúcar no se les peguen a las caderas.

- Bien, tú sabes cómo el ejercicio es doloroso. Bien, yo le muestro a las personas cómo perder peso sin todo ese ejercicio y sufrimiento.

- Bien, tú sabes cómo muchas personas están siempre matándose de hambre, haciendo ejercicio, comiendo cosas chistosas y el peso siempre termina regresando. Bien, yo le muestro a las personas cómo perder peso fácilmente con nuestra bebida especial de proteínas.

- Bien, tú sabes cómo muchos de nosotros somos alérgicos al ejercicio porque nos pone rojos y nos hace sudar a chorros. Bien, yo le muestro a las personas cómo estar "marcados" y en forma mientras se ríen de los entrenadores personales del gimnasio. (Está bien, creo que me estoy yendo muy lejos.)

Para viajes:

- Bien, tú sabes cómo no hay tiempo para viajar por que el trabajo nos consume siempre. Bien, yo le muestro a las personas cómo tomar unas mini-vacaciones geniales que quepan en su calendario.

- Bien, tú sabes cómo todos queremos bonitos recuerdos familiares. Bien, yo le muestro a las familias cómo tomar sus vacaciones de ensueño con un precio accesible.

- Bien, tú sabes cómo viajar puede salir muy caro. Bien, yo le muestro a las personas cómo viajar con precios de descuento.

- Bien, tú sabes cómo terminamos tomando vacaciones baratas al hospedarnos con los suegros. Bien, yo le muestro a las personas cómo tomar vacaciones geniales que se ajusten a su bolsillo.

- Bien, tú sabes cómo todos queremos ofertas de vacaciones. Bien, yo le muestro a las personas cómo conseguir descuentos en los destinos que buscan.

Para productos de limpieza naturales:

- Bien, tú sabes cómo todos queremos ayudar al medio ambiente, pero no tenemos el tiempo. Bien, yo le muestro a las personas cómo hacer una gran diferencia simplemente cambiando los limpadores tóxicos en casa.

- Bien, tú sabes cómo nadie quiere químicos venenosos ni limpiadores tóxicos en casa cuando tenemos niños 24 horas al día. Bien, yo le muestro a las familias cómo usar limpiadores seguros en casa.

- Bien, tú sabes cómo todos quisiéramos usar detergentes orgánicos, pero no trabajan tan bien como los limpiadores comerciales tan rudos. Bien, yo le muestro a las personas cómo usar un detergente especial, natural y concentrado que de hecho trabaja mejor y es más seguro.

Para servicios financieros:

- Bien, tú sabes cómo es casi imposible hacer un ahorro con los precios tan altos con los que vivimos. Bien, yo le muestro a las personas cómo ganar ventajas de impuestos que les dan dinero para ahorrar más.

- Bien, tú sabes cómo los seguros son muy caros pero todos necesitamos uno. Bien, yo le muestro a las familias cómo conseguir un seguro que les deje dinero para disfrutar de la vida.

- Bien, tú sabes cómo es muy difícil salir de deudas. Bien, yo le muestro a las personas cómo pagar sus deudas rápido para que tengan más dinero para disfrutar de la vida.

- Bien, tú sabes cómo todos nos vamos a morir. Bien, yo le muestro a las personas cómo manejar su dinero correctamente para que puedan pasarla muy bien y vivir de fiesta en este mundo. (Está bien, ¿me estoy yendo muy lejos?)

Sí, un poco de exageración nos ayuda a recordar. Ésta es otra manera de responder la pregunta: –¿A qué te dedicas?

Y Finalmente...

¿Será fácil que los prospectos te rueguen por una presentación ahora?

¡Sí!

Sólo regresa a nuestra fiesta original y mira todas las fórmulas diferentes con las que podemos Romper el Hielo. ¡Los prospectos en la fiesta no tienen opción! Si tuvieras 20 personas en la fiesta, podríamos fácilmente tener 8 o 10 personas pidiéndonos una presentación. Podríamos usar:

1. Acabo de encontrar.

2. ¿Estaría bien si...?

3. Localizar personas negativas.

4. Localizar personas positivas y hacerlas negativas.

5. Yo le muestro a las personas cómo...

6. Bien, tú sabes como (problema).

Ir a una fiesta va a ser divertido, en lugar de un ejercicio de miedos y rechazo. ¿La diferencia? Palabras entrenadas. Saber exactamente qué decir.

Y es por ésto que debemos de darles a nuestros nuevos distribuidores una oportunidad con palabras entrenadas. Los nuevos distribuidores no saben todavía cómo hablar con personas correctamente. Apenas van comenzando. Así que evíta que utilicen palabras amateur, sin entrenamiento, sin habilidades que son más como diarrea verbal y hace que se desanimen. Enséñales buenas maneras para Romper el Hielo ya.

Estarás preguntando: –¿Por qué necesito tantas fórmulas diferentes para Romper el Hielo?

Bueno, si sólo supieramos una fórmula, estaríamos muy limitados. Déjame darte un ejemplo.

Digamos que sólo conoces una manera de Romper el Hielo. Aprendiste cómo responder cuando preguntan: –¿A qué te dedicas?– y, de hecho tienes una buena respuesta. Aún así estarías perdiendo oportunidades.

Una noche después de la junta de oportunidad, pasas por un restaurante de comida rápida por una hamburguesa y papas fritas. Le dices al empleado: –Y, ¿a qué te dedicas?

Aaaarrrggghhh.

Sí, es muy bueno tener múltiples maneras de Romper el Hielo. Preguntar a tus compañeros de trabajo: –¿A qué te dedicas?– sería un poco raro también.

Hay cientos de maneras de Romper el Hielo que podemos usar. Este libro debe de darte un buen entendimiento de lo que puede hacer una buena fórmula para Romper el Hielo.

Ahora vas a observar y aprender más formas de Romper el Hielo ya que sabes lo fácil que puede llegar a ser.

Sólo una cosa más:

Recuerda, que todas estas fórmulas para Romper el Hielo, funcionan mejor cuando las usas.

OTROS LIBROS DE "BIG AL" ESTÁN DISPONIBLES EN:

http://www.BigAlBooks.com

http://BigAlBooks.com/Spanish.htm

Registra tu email ahí para obtener gratis el próximo libro de Big Al.

SOBRE EL AUTOR

Tom "Big Al" Schreiter tiene más de 40 años de experiencia en redes de mercadeo y multinivel. Es el autor de la serie original de libros de entrenamiento "Big Al" a finales de la década de los 70s, continúa dando conferencias en más de 80 países sobre cómo usar las palabras exactas y frases para lograr que los prospectos abran su mente y digan "SI".

Su pasión es la comercialización de ideas, campañas de mercadeo y cómo hablar a la mente subconsciente con métodos prácticos y simplificados. Siempre está en busca de casos de estudio de campañas de mercadeo exitosas para sacar valiosas y útiles lecciones.

Como autor de numerosos audios de entrenamiento, Tom es un orador favorito en convenciones de varias compañías y eventos regionales.

Su blog, **http://www.BigAlBlog.com** es una actualización constante de ideas prácticas para construir tu negocio de redes de mercadeo y multinivel.

Cualquier persona puede suscribirse y recibir sus consejos gratuitos semanalmente en:

http://www.BigAlReport.com

http://www.FortuneNow.com

Traducción de
Alejandro González López

Made in the USA
San Bernardino, CA
28 October 2016